词汇知识和运用

周荐 吕长凤 赵越 著

商务印书馆国际有限公司
中国·北京

图书在版编目(CIP)数据

词汇知识和运用 / 周荐,吕长凤,赵越著. -- 北京 : 商务印书馆国际有限公司, 2024.3

ISBN 978-7-5176-1045-8

Ⅰ. ①词… Ⅱ. ①周…②吕…③赵… Ⅲ. ①现代汉语-词汇-研究 Ⅳ. ①H136

中国国家版本馆 CIP 数据核字(2024)第 009515 号

CIHUI ZHISHI HE YUNYONG

词汇知识和运用

著　　者 周　荐　吕长凤　赵　越
出版发行 商务印书馆国际有限公司
地　　址 北京市朝阳区吉庆里 14 号楼
佳汇国际中心 A 座 12 层
邮　　编 100020
电　　话 010－65592876(编校部)
010－65598498(市场营销部)
网　　址 www.cpi1993.com
印　　刷 三河市紫恒印装有限公司
开　　本 787mm×1092mm　1/32
字　　数 167 千字
印　　张 8
版　　次 2024 年 3 月第 1 版第 1 次印刷
书　　号 ISBN 978-7-5176-1045-8
定　　价 35.00 元

前　言

人类区别于其他动物的显著特点之一，就是语言。因为有语言，天上地下，人间幻境，古往今来，远近东西，任何事物现象均可用它来描述和表达。通常认为，有语音、语法、词汇三大要素的语言是有声语言，有声语言在使用时常会伴有某种表情或肢体动作，这就是体态语，此外，世界上的部分有声语言还有文字等辅助性的交际工具配合使用。语言的符号靠上述诸要素和辅助性的交际工具组织起来，表达出来，成为一个完善的系统。因为有语言，人类不仅与其他动物相区别，而且加速度地与之拉开了距离，使自己成为雄踞万物之巅的灵长。

作为语言要素之一的词汇，是人们习得母语、学习他语首先接触到的内容，词汇也应该是被人类造出的第一个语言要素。词汇的知识，说简单似乎也并不复杂，说复杂好像又真不简单。譬如，“词”这种语言符号很早就出现于人类之口，但是作为语言学术语，它正式出现于中国人所著的汉语语言学著作却是章士钊的《中等国文典》。虽然“词”成为汉语语言学的术语已逾百年，但汉语语法学界关于如何切词析词却争论不休，词汇学界对如何给“词”下定义也是众说纷纭。再如，“成语”这类熟语在先秦即已产生，但是这个术语指的究竟是哪类词汇单位？有人认为只要是有“表意双层性”的词汇单位，就都是成语，准此，绝大多数的惯用语成了成语，歇后语也成了前一半是成语、后一半是惯用语的组合。还如，谚语、成语、歇后语、惯用语等一直以来用词汇学的理论和方法进行研究的熟语（20 世纪 50 年代末有学者称之为“特殊词汇”），有人欲将其从“词汇学”中切割出去，另搞一个“语汇学”。诸如此类的问题以及由此引发的讨论在未来可见的一段时间内或将仍旧持续下去，这些都反映出词汇知识的复杂性。词汇的运用，看似平常，其实也很值得关注。例如，如何看待古今词义的发展变化？如何对待敬谦词语问题？如何把握方言词在共同语中的使用，如何把握外来词在汉语词汇中的融入，如何把握网络词语在语言中的运用？如何正确分析词语的结构，并将其与一直以来与之纠结难分的语法结构分析方法区分开来？如何正确组配使用单双音节词？如何规避因词语误用而出现的病句？凡此种种，都反映出词汇的运用也需要认真对待，不可等闲视之。

本书共分 10 章，包括“词汇的性质和构成”“词和词义”“同义词及其运用”“反义词及其运用”“熟语的雅俗及其运用”“新词语及其运用”“外来词及其运用”“方言词语及其运用”“隐语、黑话等社会方言词及其规范”“语文词典的收条和词语的规范”。本书力求在内容的写作上做到深入浅出，用语简单活泼，将深奥的术语和概念用浅显而生动的语言讲清楚。为达此目的，本书还用词汇运用中惯常出现的错误例子来说明问题，希望有助于读者的理解。

本书撰写过程中，参考了前辈和时贤的不少著作和论文，遵从整套丛书的体例而不随文注出，以参考文献的形式列在书末。倘有因理解不当而出现的错漏，概由本书作者负责，也欢迎广大读者批评指正。

作者

目　录

第一章　词汇的性质和构成

第一节　什么是词汇

我们经常听到这样的说法，语音、词汇和语法是语言的三大要素。可见，对于一种语言来说，词汇是非常重要的组成部分。一般人所说的“词汇”，有好几种含义。比如，“《呼兰河传》词汇”指的是一部文学作品所使用的全部词语的总和，“莫言词汇”说的是莫言这样一位作家的所有著作中的词语的总和，“法律词汇”，是指一个学科领域通行的专门词语的总和，“汉语词汇”指一种语言所有词语的总和。这样看来，我们可以把词汇概括为：一种语言里所有的（或者特定范围内的）词语的总汇。

正确理解“词汇”的含义，一方面要注意“词汇”与“词”是不同的，不能把这两个看起来相似的术语混为一谈；另一方面还要注意把“词汇”和“语汇”区别开来。

首先我们看“词”和“词汇”的区别。“词”是指一种语言里一个一个既有声音又有意义的能够独立运用的最小的语言单位，如“人、走、好、教师、学习、美丽”等都是一个个的词。词是词汇的基本单位，也是主要的单位。之所以这样说，是因为词在词汇中所占的数量最大，也是为大家最熟悉和最常使用的。词汇是所有词的集合概念，词汇与词的关系相应的就是集体与个体的关系，就好像纸张和纸、人口和人的关系。在语言使用中，词汇不能用于指单个的词。比如，我们在日常生活中或曾听到有人说过这样的话："在我的词典里就没有'牺牲'这个词汇。"很显然，这种说法是错误的，这里的"词汇"应该改成"词"才对。

前面我们把词汇定义为"一种语言里所有的（或者特定范围内的）词语的总汇"。词汇除了包括所有的"词"之外，还包括"语"以及词汇性的架构。这里所说的"语"就是固定短语。所谓固定短语是和临时短语相对而言的，临时短语又常称为自由短语。它们都是由词或类似词的成分组成的。但是固定短语是我们所说的词汇单位，而自由短语却不是。固定短语主要具有三个特征。第一，它是词的固定组合体，即它的构造成分和构造成分组合的顺序都是不能随意变更的，如"狐假虎威"不能说成"狐借虎威"或"虎威狐假"，尽管这些变更或许并未改变它的含义。第二，固定短语中的词或类似词的成分，不一定都能独立使用，如"废寝忘食"中的"寝"，在现代汉语中有意义但是却不能独立运用，与其他字组成词才能运用——"寝室、陵寝、入寝、就寝"，或者存在于其他固定短语中——"其议遂寝"；有的虽然可以独立使用，但独自使用时却与固定短语中的意义不同，如"假"在现代汉语中可以作为一个词使用，它的意思是"虚伪的；不真实的；伪造的；人造的"——"她说的话是假的"，而固定短语"狐假虎威"中的"假"是"假借，凭借"的意思，与"真假"的"假"意义不一样。第三，固定短语是词的等价物，也就是说固定短语在构造语句的时候，它的作用约略相当于词，如“到处呈现出一派欣欣向荣的景象”，可以说成“到处呈现出一派繁荣的景象”，意思大抵不变，这说明词“繁荣”和固定短语“欣欣向荣”是现成的被用来构造句子的等价单位。

自由短语不具有固定短语的上述特征。另外，自由短语是词语的自由组合，而词语自由组合的成品数量是无限的。比如说“人”就有数不清的与其他词语的组合，像“勤奋的人、积极向上的人、努力工作的人、我们这里不缺人、人要有骨气”等。如果把自由短语也看作词汇，那么词汇就是芜杂不堪的、没有定量的混合体，这是与语言实际不相符合的。

自由短语是一般短语，它是词与词按照表意的需要临时地自由组合在一起构成的，临时性是其特点。与自由短语相对，固定短语则是特殊短语，又可分为专有名词（简称专名）和熟语这两种类型。

企事业单位的名称是专名的主要来源。通常，在设立机关，成立工厂，开办商店、公司或学校时，都需要选择一个独特的名字来与其他名称区分开来，如“中国人民政治协商会议、北京塞纳生物科技有限公司、哈尔滨师范大学附属中学”等。在举办某次活动或者召开某次会议时，也都是要用固定短语的形式为其命名，如“国际应用语言学大会、上海国际电影节”等。而当自由短语用作书名、杂志名、篇名、电影电视名、网名等的时候，就由一般短语变成了固定短语，如《海底两万里》《小说月报》《父母爱情》等。

熟语主要包括成语（如“胸有成竹、假公济私”）、惯用语（如“仨瓜俩枣、喝西北风”）、歇后语（如“ 卖花的，说花香；卖茶的，说菜鲜——各有一套”）、谚语（如“鱼生火，肉生痰，青菜豆腐保平安”）等。

我们再来看“词汇”和“语汇”这两种说法。有的人把一种语言里（或者特定范围内）的词和固定短语的总和叫作“语汇”，此时的“语汇”是“词汇”的另一种叫法，它们所指的内容是相同的。也就是说，这里的“语汇”等于“词汇”。而有的人则把一种语言里所有的“语”的总汇也称为“语汇”，与此同时，把一种语言里所有的词的总汇称为“词汇”，这里的“语汇”和“词汇”与大多数人的界定是不同的，我们要注意区别。

值得我们注意的是，现代汉语的词汇单位除了词和固定短语外，还包括一种特殊的我们称之为“待嵌格式”的词汇性架构。例如：

半……半……	半……不……	不……不……
不……而……	大……大……	道……不……
东……西……	非……非……	非……即……
连……带……	没……没……	七……八……
千……万……	前……后……	且……且……
三……五……	说……道……	四……八……
似……非……	随……随……	无……无……
现……现……	一……半……	一……不……
一……就……	一……一……	一……再……
有……无……	有……有……	左……右……
……头……脑	……天……地	……前……后
……心……意	……三……四	

通过上例可以看出，所谓的“待嵌格式”指的是两字交替显现、两字（个别的为多字）交替隐含而需要人们在使用中，将隐含的字填补进去以构成一个新的词汇单位的准四字格式，如“半……半……”可以填补成“半文半白、半真半假、半推半就”等四字格式。这种词汇性架构被《现代汉语词典》收入进去，这可以说明它的词汇单位的性质。

第二节 现代汉语词汇的构成

我们学习的词汇，属于现代汉语范围。现代汉语有广义和狭义两种理解，其中狭义的现代汉语指的是现代汉民族所使用的共同语。但是，由于我国是一个多民族的国家，各民族之间交流需要一种族际共同语，这样，经过规范的汉民族共同语（普通话）也就成为国内各民族之间的交际语言，是全中国的通用语言。这是广义的理解。现代汉语词汇的形成是经过长期历史演变不断发展而来的。从历时角度来看，它传承了古代和近代汉语的词汇；而从共时的角度来看，它吸纳了不同民族、不同地域和不同行业的词汇，不断丰富自身。同时，随着社会的发展和时代的变化，人们还创造了许多新词新语。这样就形成了丰富多样、表现力极强的现代汉语词汇。

现代汉语词汇虽然纷繁复杂，但我们却可以从不同的角度、根据不同标准对其进行系统化的类别划分。

一、基本词汇和一般词汇

（一）基本词汇

基本词汇是一种语言词汇中最主要的部分，我们常说的一种语言的基础除了语法之外就是基本词汇。基本词汇包含的词从数量上看虽然比较少，却是极其重要的。在汉语词汇中，这些词是全民族广泛使用、日常生活中不可或缺的，它们有明确的意义且为大多数人所理解，因此被称为基本词。基本词构成了词汇的核心部分，也就是基本词汇。人们在学习和掌握语言时，首先要掌握这些基本词，因为它们代表了人们最需要的事物、行为等的名称。如果不能掌握这些基本词，就无法进行最为必要的语言交流。

现代汉语中的基本词，可以包含以下几个方面：

关于自然界事物的：山、河、海、花、树、草、太阳、石头等；

与生活和生产资料相关的：面、油、鞋、钱、水果、衣服等；

关于身体各部分的：心、头、手、脚、牙、嘴等；

关于亲属称谓的：妈妈、爸爸、妹妹、姐姐等；

关于动作或变化的：跳、跑、看、笑、打、飞、想等；

关于性质或状态的：长、短、胖、瘦、高、矮、高兴等；

关于指称和代替的：你们、我们、她、这些、那里、怎么等；

关于数量的：二、三十、公里、公斤、升、个、次等；

关于方位和时间的：前、后、东、西、小时、星期、冬天、下午等；

关于范围、程度、关联和语气的：才、非常、特别、只、和、如果、却、呢、吧等。

基本词汇的主要特点可以归纳为以下三点：

第一，全民常用性。全民常用性指的是基本词汇在广泛的地域范围内流行，被频繁使用，并且被整个民族的社会成员所理解。这是因为基本词汇与人们的生活密切相关，它们代表了生活中最基本、最必要的概念，无论从事何种行业，都离不开这些词汇的使用。基本词汇的使用不受阶级、行业、地域或文化程度的限制。在一种语言中，基本词汇是被全民普遍使用的，其使用范围最广、使用频率最高。如果没有基本词汇，进行语言交际和思想交流将变得难以想象。

第二，稳固性。基本词汇因为被广泛使用，所以在本民族的世世代代中持续流传，它们具有长久的生命力，不容易发生改变。因此，绝大多数基本词汇都是经过长期使用后固定下来并代代相传的词汇。很多基本词汇其所表示的事物，都是生活中极其重要的，在千百年间一直为社会提供服务，表现出很强的稳定性特征，如“三、五、羊、鸡、房、天、地、前、后、南、北、多、少”等词。其中一些词甚至可以追溯到甲骨文时代，它们在我们当下的生活中仍然得到广泛使用。基本词汇之所以具有如此强大的稳定性，是因为它们所代表的事物和概念本身是非常稳定的。当然，稳定性并不意味着基本词汇是一成不变的。实际上，基本词汇也会随着时代和社会的发展而变化。有些基本词在古代是单音节的，发展到后来就变成多音节的了，变成了多音节的合成词，这也就形成了汉语词汇自身发展的独特规律。例如：

师—老师　　骨—骨头　　月—月亮

美—美丽　　代—代替　　盘—盘子

也有一些单音节的基本词在后来的发展中被新形成的合成词所取代。例如：

赤—红色　　日—太阳

颈—脖子　　黍—黄米

第三，能产性。能产性是说基本词汇是产生新词的基础。以基本词作为构词成分来创造新词，是最容易被人们接受的，而创造出来的新词理解起来也相对简单，容易流传下去。因此，一种语言中经过千百年的传承而留存下来的基本词就成为新词的构成材料。这些基本词通常具备较强的构词能力。例如，以“心”作为构词成分，可以构成的词在《现代汉语词典》（第 7 版）中就有 414 个：像是“心爱、心病、心肠、心得、心烦、心寒、心机、心结、心理、心灵、心情、心声、心电图、心肌炎、心理学、心上人、心头肉”等，这些是以“心”作为首字构成的；还有以“心”作为末字构成的双音节词，像是“爱心、安心、靶心、背心、本心、成心、初心、存心、歹心、当心、点心、多心”等；以“心”作为末字构成的三音节词也有一些，像是“全身心、虚荣心、寻开心、责任心”等。当然，有些基本词在构词能力方面相对较弱，甚至几乎没有构词能力，如“我、您、吗”等。而成语等词汇单位，虽然具有全民常用性和稳固性，却不具有能产性。然而，需要注意的是，一些古代的基本词虽然被后来形成的合成词所取代，但它们在现代汉语中仍然具有很强的构词能力，作为构成新词的词根存在于现代汉语中。例如：

眉：眉笔、眉峰、眉端、眉批、眉题、眉宇

发：发胶、发妻、发式、鬓发、美发、毛发

骨：骨刺、骨感、骨干、骨骼、傲骨、髌骨

日：日报、日常、日光、日后、度日、吉日

（二）一般词汇

一般词汇是与基本词汇相对的，是指一种语言的词汇里面除了基本词汇以外的所有词和固定短语的总和。在人们的平常生活中，人和人之间需要频繁的交流，需要描述相对复杂的事物，也需要表达丰富细致的思想和情感，仅仅依靠基本词汇是做不到的，还需要大量的一般词汇存在，以更准确地表达。例如，律师行业中，要频繁使用像“合同、诉讼、案件、原告、被告、证据、侵权”等词。虽然这些词不属于基本词汇，但它们在法律领域中是不可或缺的词。离开了这些词，在法律领域中进行交流和表达思想就会面临阻碍。

与基本词汇相比，一般词汇的使用范围较为有限，使用频率也较低，总体而言，稳固性和能产性都不如基本词汇。然而，一般词汇也是具有自身特点的，通常表现为较大的灵活性。一般词汇会经常发生变动。随着时代和社会的不断发展，会产生大量的新词语，同时一些旧词语也会逐渐消失，尤其是在社会变化迅速的时期。也就是说，社会的快速发展首先反映在一般词汇中。新词语通常会首先进入一般词汇，然后其中的一部分可能会进入基本词汇。从数量上来看，一般词汇比基本词汇要多得多，因此并非每个社会成员都能理解它们的意思。社会成员掌握一般词汇的多少因人而异，通常取决于个人所处的环境和文化水平的高低。一般来说，人们在生活中常常习惯于掌握和使用那些和自身所处环境和文化程度密切关联的一般词汇，由此能反映一个人掌握词汇的数量，同时也能反映出一个人的语言风格和特点。

一般词汇包含的内容丰富而且广泛，所以，要想更好地掌握和运用一种语言，不但要很好地学习和掌握其基本词汇，同时也一定要认真学习和掌握好这种语言中的一般词汇。现代汉语一般词汇主要包括新词语、方言词、外来词、行业语、隐语、黑话等。

二、口语词汇和书面语词汇

随着时代和社会的不断发展，为了满足不同的交际环境和交际目的的需要，现代汉语词汇出现了口语词汇和书面语词汇的区别。口语词汇和书面语词汇具有截然不同的风格功能，其存在丰富了现代汉语词汇的色彩和风格，为我们选词和造句时能够准确、鲜明、生动地表达思想发挥了重要作用。

（一）口语和口语词汇、书面语和书面语词汇

作为构成口语和书面语的重要组成要素，口语词汇和书面语词汇是文学语言中两种十分重要的表现形式。

在文字还没有产生的时候，语言只有口语形式，因此口

语和书面语并没有区别。然而，随着文字的出现，语言这种交际工具就逐渐发展出不同的风格，口语和书面语也因此分化出来。用文字表达的语言与口头表达的语言之间慢慢就出现了差异，从而形成各自的特点，这样就产生了口语和书面语的区分。这种区分体现在构成语言的词汇材料上，也就形成了口语词汇和书面语词汇这两种截然不同的风格类型。但我们应该注意，口语词汇不仅仅指口头表达的词汇，书面语词汇也不仅仅包括用文字写在书面上的词汇。我们可以看下面的例子：

马跑得快了，蹄子踏起的泥浆，溅在道边的蒿子上、苞米叶子上和电线杆子上。跑了一程，辕马遍身冒汗，喷着鼻子，走得慢一些，赶车的就咕噜起来：

“才跑上几步，就累着你了？要吃，你尽拣好的，谷草、稗草还不乐意吃，要吃豆饼、高粱。干活你就不行了？瞅着吧，不给你一顿好揍，我也不算赶好车的老孙啦。”他光讲着，鞭子却不落下来。辕马也明白：他只动嘴，不动手，其实是准许它慢慢地走。车子在平道上晃晃悠悠、慢慢吞吞地走着。牲口喘着气，响着鼻子，迈着小步。老孙头扭转脸去，瞅瞅车上的人们。他们通共十五个，坐得挺挤。有的穿灰布军装，有的穿青布小衫。有的挎着匣枪，有的抱着大枪。他们是八路军的哪一部分？来干啥的？赶车的都不明白。他想，不明白就不明白吧，反正他们会给他车钱，这就得了呗。他是昨儿给人装样子进城来卖的。下晚落在王家店，遇到县上的人来雇元茂屯的车，他答应下来，今儿就搭上这十五个客人。不管好赖，不是空车往回走，能挣一棒子酒，总是运气。（周立波《暴风骤雨》）

上述内容来自于周立波的《暴风骤雨》，是以文字形式记录在书面上的。那么其使用的词汇是否就属于书面语词汇呢？事实并非如此。这些词与面对面讲故事或交谈时使用的词汇是相同的，只是以文字形式呈现出来而已。上述词汇属于地道的口语词汇，它们只是以书面形式进行记录的。

相反地，一些口头表达中出现的词汇并不能被视为口语词汇，而是属于书面语词汇。例如：

此后，新人新作品，继续出现，风起云涌，蔚为巨观，是中国文学史上从来没有过的。例如《暴风骤雨》、《创业史》、《青春之歌》，王汶石、王愿坚、李准、茹志鹃的短篇小说……所有的好作品，都是万人传诵，将记载在中国文学史上，永远保持其生命力。这个成就……是否定不了的。……相反的意见很多，可惜没有争鸣。我希望这些同志发表文章。否则，我的不成熟的意见率先发表，倒成了阻塞争鸣之路，实在使我万分惶恐。

（茅盾在 1977 年 10 月《人民文学》编辑部举办的短篇小说创作座谈会上的发言，《人民日报》1977 年 11 月 12 日）

这段话出自于会议的口头发言，是用口头表达的，发言的时候并未以书面形式出现，但却属于书面语。我们判断的标准是这段话中出现了相当数量的书面语词汇。

由上面的举例可知，口语词汇和书面语词汇的本质区别不是体现在是不是用文字记录这一点，而是在于它们截然不同的风格特点。口语词汇包括俗语词、体现地域色彩的词以及日常会话中常用的词语等，而书面语词汇则由更为典雅的词、专业术语、古语词以及附有庄严色彩的熟语构成。口语词汇的词语风格色彩更亲切、平易，更加随意和轻松；而书面语词汇的词语风格色彩则显得庄重、细腻，更显文雅和精炼。在语音形式上，口语词汇通常是单音节词，而书面语词汇则通常是多音节词。在现代汉语词汇中，同一概念可以通过口语词汇和书面语词汇构成一组组同义词，这些词的风格色彩是对立的，如“跳”与“跳跃”、“写”与“撰写”、“有”与“拥有”、“怕”与“惧怕”、“浅”与“浅薄”等，前者属于口语词，而后者则属于书面语词。

就表达意义功能而言，书面语词汇和口语词汇体现出相互补充、相辅相成的特点，二者不是可以互相替代的。以下文字中使用的书面语词想要直接换成合适的口语词是比较困难的。具体看下例：

> 为了使微刻不断超越本身的局限，在微毫之中同样展现中国书画艺术魅力，樊星涛多年闭门谢客，仔细揣摩，精心临摹了一系列中国书画史卷中的名珍巨制，当人们借助放大镜神游那精微世界时，进入眼帘的或阳刚，或婉约；或华滋厚重，或飞动飘逸；或古意盎然，或新趣巧出。

> “猛虎下山”则神完气足，“鸿鹄游天”则情趣生动，“蜻蜓点水”则薄翼依稀，“泉飞翠叠”则气象万千，“渊明采菊”则形态逼真。
>
> 工笔一丝不苟，写意栩栩传神。书法微刻作品也着力于“精、气、神”高层次的追求。因此，欣赏樊星涛的微刻作品能获得一种特殊的愉悦。
>
> （1994年报刊精选）

与此情况类似，在文章或作品中出现的一些口语词也不容易找到合适的书面语词来替换。例如：

> 炊事员们都去参加作业了，留下炊事班长李成孝，在坑道看管着挑筐。他独自坐在扁担上死等，等得腻腻歪歪好不耐烦，左一锅烟右一锅烟地抽呵抽呵！烟是抽饱了，可肚子里头咕咕地叫唤不停……说罢，翘翻过鞋底儿，叭叭磕打着小铜烟袋锅儿，又吱啦吱啦地吹鼓着竹管腔里的油子，使劲儿甩悠甩悠……　　（郑直《激战无名川》）

假如我们把上面文字中使用的“腻腻歪歪”“咕咕”“叫唤”“甩悠”等口语词直接用书面语词替换，那么原来作品中所包含的生动、活泼、生活化的风格就荡然无存了。

对于现代汉语词汇来说，口语词汇和书面语词汇是风格相对的两种词汇类聚，除此之外，还存在一些处于二者之间的中间状态的词语，如“他、打、坏、矮、手机、桌子”等。它们既能被人们用于口语，又可以被用于书面语，其数量也是不少的。

（二）口语词汇、书面语词汇和文体的关系

口语语体词汇与书面语语体词汇体现出各自独特的风格特征，不同的作品需要利用它们来展现自己的语体风格。因此，我们可以说不同风格、不同体裁的作品与不同风格类型的词汇类聚之间存在一定的对应关系。

一般来说，口语词汇与文学作品的关系密切一些，与非文学作品的关系相对远一些；而书面语词汇更多地用于科技论文、政治论文、政府文告、新闻报道、法律文件等非文学作品里，较少用于文学作品里。

文学作品体裁不同，在用词上也会有一定的差异。例如，小说与散文、散文与戏剧、诗歌与小说都有一定的区别。小说通过人物的活动、故事的发展反映社会生活，在人物对话中多使用口语词汇，而在叙述情节、描写环境时，则会因为作者的语言风格不同而有差异——既可以使用口语词汇，也可以使用书面语词汇。散文与小说或戏剧不同，它的创作更加自由灵活，题材也更加丰富，艺术手法也比较多样，可以直接表达作者的思想感情，在用词方面体现了口语词和书面语词同现的状态。诗歌则是作者对社会生活高度的艺术概括，表达了作者强烈的思想感情，在语言上要求高度凝练，用词上偏重于使用书面语词。

由于作家的生活阅历、思想认识、语言素养等方面存在差异，同样的体裁，在所反映的社会生活大体相同的情况下，语言风格也可能不同。例如，同样是描写中国二十世纪四五十年代农村生活的小说，周立波的《暴风骤雨》的语言风格

与柳青的《创业史》的语言风格就是不一样的，形成不同语言风格的一个主要因素是用词上的差异。《创业史》与《暴风骤雨》相比，使用了更多的书面语词，后者则多用口语词。更多地使用书面语词，语言风格会表现出文雅、优美、华丽的特点；而更多地使用口语词，其语言则会体现出亲切、朴实、自然的风格特点。

对于非文学作品，比如科技论文、政治论文、政府文告、新闻报道、法律文件等，由于它们是用来说明道理或讲述规定的，要反映事物道理的科学性和正式性，所以这些文体主要运用书面语词汇，而较少使用口语词汇。但是，这些文体之间用词的情况也不完全一样，一般来说，公文、公告与书面语词汇关系最密切，科技论文次之，政治论文、新闻报道等尤次。

总的来说，口语词汇与书面语词汇跟不同文体关联的多少是不一样的。一般情况下，我们可以说某类词汇类聚可能与某种文体发生联系，但并不是绝对的。所以，对某种文体或某一作品不切实际地硬性地要求必须使用某类词汇，那是不恰当的。这样做最终会导致文章、作品的语言简单化，失去光彩，不利于语言的丰富和发展。

三、专门词语和专名词语

从词语的意义所体现的概念是否具有某种特殊性的角度来看，现代汉语词汇可以分出专门词语和专名词语这样两个词汇类聚。

（一）专门词语

词汇当中有一些词语是从事某个社会活动领域的人们专门使用或者较多使用的，其他人一般很少用得上，这样的词语就叫作专门词语。

专门词语又可以分为两种。一种是科技、学术领域专门使用的，习惯上被称为“术语”；另一种是社会上某些行业专门使用的，习惯上被称为“行业语”。

术语表示科学的或技术的概念，其中有一部分一般人能够明白它们的意思，然而大部分却只有本学科或本领域的人才能理解。例如，“函数、方程、正弦、矢量、平面向量”是数学的术语，“引力、横波、电磁波、科里奥利力、机械能守恒定律”是物理学的术语，“烷烃、共价键、惰性气体、路易斯符号、稀有气体原子芯”是化学的术语，“吹塑、层压法、铸塑成膜、丙烯酸树脂、苯乙烯抑制剂”是化工的术语，“供给、预算线、经济成本、恩格尔系数、生产可能性边界”是经济学的术语，“语素、音素、熟语、谓语、独词句”是语言学的术语。

行业语是对某种行业的特殊事物和特有活动行为的反映。例如，“沟播、浸种、株距、前茬作物、定植苗龄”是农业上的用语，“紧航、主桁杆、下曳索孔、固定系索座、帆上风标线”是航海业用语，“汇率、利息、借记、销户、零存整取”是银行业用语。

随着社会生活的不断发展和各种知识的广泛普及，专门词语会很容易地被广泛使用开来。在这一过程中，原来的专门词语很可能产生出不同于专门意义的新的通俗的意义，这样专门词语也就成了普通的词语。例如“曝光”，原本的意思是“在一定条件下使底片或光感纸感光，形成潜影，潜影经冲洗、处理后即呈现可见的影像”，这是摄影的用语。现在我们在生活中经常使用这个词，如说“曝光隐私、丑闻曝光”等，用的就不是和摄影有关的本来的意义，而是指“隐秘的事（多指不光彩的）显露出来，被众人知道”的意思。这时“曝光”就由专门词语变成了普通词语。

在日常交际中，如果我们在本行业工作范围内经常性地使用专门词语，这是没有问题的。但是如果交际对象是非本行业的人，那就要引起我们的注意，不要轻易使用表义比较专业的专门词语。

（二）专名词语

专名词语所指的对象总是个别的人、地方、国家、建筑，个别的政党、团体、机构、企业或某一具体的书文、报刊以及其他类型的作品等。

和世界上其他语言一样，现代汉语的专名词语主要有人名、地名、国名、政党社团名、机关名、企业名、校名、建筑名、胜景名、书文报刊名及其他的作品名，等等。从语言单位上看，专名词语有的是词，有的是固定短语。例如：

毛泽东　李大钊　鲁迅　中山陵　胶东半岛　新加坡
中华人民共和国　共产党　民盟　中国围棋协会
国务院　清华大学　华为　红旗　人民大会堂　故宫
雷峰夕照　太阳岛　西游记　青春之歌　人民日报

小说月报　月光曲　莫斯科郊外的晚上

汉语的人名一般包含姓和名字两部分，是个短语。别名则通常只是名字，别号往往是名字加上称呼。人名的数量庞大难以统计；姓的数量相对来说少得多。地名包括洲名、岛名、半岛名、山和山脉名、河川溪涧名、湖泉瀑布名、省市自治区名、村镇名、风景胜地名，等等，数量非常多。机关学校名、书刊名和其他类型的作品名等，也极其繁多。

现代汉语中的省市地名和较长的专名，往往有个简短的别称或省称。例如，“海南”别称“琼”，“江西”别称“赣”，“山东”别称“鲁”，“重庆”别称“渝”，南京别称“宁”，“成都”别称“蓉”，“中国共产党”省称“中共”，“全国人民代表大会”省称“全国人大”，“南开大学”省称“南开”，“哈尔滨师范大学”省称“哈师大”。所有这些别称、省称和本称或全称，都同样是全民共同语词汇的合格成员。

机关、学校、团体的专名难免较长，因此一般都有省称，因为长的名称在平常口头交际中总是不太方便的。

姓常同尊称或职务名称结合起来，省市名也常连接上一个地方行政单位的名称，这样形成的固定短语整体上构成专名，如“孙先生、毛主席、黑龙江省、南京市、延寿县、南城王屯”等。

第二章　词和词义

第一节　什么是词

一、词的特点

词汇是语言里词和固定短语的总汇。词是一种语言词汇中的主体成分，学习词汇，首先就需要明确什么是词。语言是人类最重要的交际工具，在平常的生活交往中，人们就是运用这种工具来组词成句进行交际的。我们平时说话，总是要一句话一句话地说，写文章也是要一句一句地写。从中可以看出，语言交际活动的基本单位就是一句话。但是，不管是说出一句话，还是写出一句话，都要把表达所需要的词语组织在一起才能构成。这样，词语就自然成了组织句子的语言单位。为了把这种语言单位使用好，用来造出一个表义完整的句子，我们首先就要弄清楚这种语言单位的性质和特点到底是什么，也就是说，要明确什么是词。

让我们来看下面三句话：

学生学习汉语。

我们和文学院学生打成一片。

大家能在一起过个春节不容易，应该好好地热闹热闹。

第一个句子很简单，是由“学生”“学习”和“汉语”三个单位组成的，这三个单位都有各自的语音和语义，这就是我们所说的“词”。但是我们发现，“学”“生”“习”“汉”“语”等也有各自的语音和语义，那它们是否也是词？第二个句子的“文学院学生”和“打成一片”也同样是有音有义的，它们是不是词？第三个句子到底又是由几个词构成的呢？要想明确回答这些问题，就一定要深入了解词的特点。

由于词是一种语言中词汇的重要组成部分，是语言的基本单位，因此我们将其确定为词汇研究的核心对象。需要注意的是，汉语的词和在计算机信息处理中使用的模块化工程词存在很大差异。此外，汉语的词与印欧语系的词也不同，不具备丰富的形态变化。因此，要给词下一个全面而准确的定义确实是相当具有挑战性的。

大家都知道，词作为语言的基本单位，是一种音义结合的语言形式，用一定的声音来表达特定的意义。在交际中，词的主要功能是组成句子，用来表达思想和感情，因此词也可以视为句子的基本组成单位。所以应该说，词是语言中最小的、能够独立运用的可以构成句子的单位，它是一种音义结合的定型结构。在上述认识的基础上，如果我们确定一个语言单位是词，它必须具有以下五个特点。

（一）具有语音形式

语音是语言的外在表现形式，一个单位要想成为词首先必须具备语音形式，没有语音形式的存在，词就无法成为词。

因此，每个词都具有属于自己的语音形式。例如，“专家”“都”“到达”“现场”和“了”这几个词，虽然它们的意义各有不同，但它们的相同点是都有各自的语音形式，依次为“zhuān jiā、dōu、dào dá、xiàn chǎng、le”。所以，语音形式是词必不可少的要素之一。

（二）具有意义内容

作为语言符号的词是一种音义结合的单位，对于每个词来讲，意义内容也是其必须具有的。例如，“环岛”的词汇意义是“指交叉路口中心的高出路面的圆形设置”，其语法意义是“名词，可作主语、宾语等”；“勇敢”表示的词汇意义是“不怕危险和困难；有胆量”，其语法意义为“形容词，可作谓语、定语等”，其感情色彩义是褒义；“讨好”的词汇意义是“迎合别人，取得别人的欢心或称赞”，其语法意义是“动词，可作谓语、定语等”，其感情色彩义是贬义；“与”的词汇意义是“和”，其语法意义为“连词，表示并列联合关系”，没有特别的色彩意义。

（三）定型性

这里的定型是针对词的声音形式和意义内容的结合来说的。在产生之初，词的某个声音形式和特定的意义内容结合在一起后，经过语言社会成员的频繁使用，就变成了一种相对固定的语言形式。在语言社会中，将特定的声音约定俗成地表示特定的意义，这就是定型化的体现。既然是定型化的，那么通常情况下就不能任意变动了。我们说词是定型性的结构，也就是说词不是单一的，是由很多成分组合在一起而构成的。具体来说，从构成上看，它是用最小的音义结合体、最小的语言单位——语素，依据一定的语法结构关系组合在一起形成的。因此，对一个词来说，无论在语素的组合方面，还是音和义的结合方面，它都是一个具有内部结构形式的整体。

（四）独立运用

词作为一级语言单位，是可以独立运用的。在具体语言运用中，人们可以根据想要表达的具体意思，使用合适的词来造句。造句时要依据一定的语法规则，这样才能组成各种不同的句子。在这个过程中，词表现为一个独立运用的语言单位。例如，“学生”是一个词，也是语言中一个独立存在的个体，它既可以被人们用来组成“学生在教室里学习汉语”，也可以用来组成“文学院的学生都来了”，还可用来组成“学生的衣服都淋湿了”。又如，“书包”既可以用来做句子的主语，组成“书包已经邮到家里了”，又可以用来做句子的宾语，组成“小明今天没有带书包”。

语言中有一部分词是不能独立构成句子的，如副词“极、又”，量词“副、次、张”等。但是必须明确，不能独立成句不等于不能独立运用，以上例词虽然不能独立成句，但它们都能被独立运用来造句，而且在句中都能充当某个不可缺少的成分。例如，在“你能这样想好极了”“他又去哈尔滨了”“小明戴了一副眼镜”“她一个月看一次电影”“这张邮票太漂亮了”等句子中，“极”“又”“副”“次”和“张”都是作为独立运用的单位被组织到句子中来的，而且从句子的意义上到结构上都是不可缺少的成分。

由此可见，词都是可以被独立运用的。正因为词具有这样的特点，所以人们在语言运用中可以用它来构成表意不同的各种各样的句子。

（五）最小的造句单位

语言中存在数量很多的最小单位，通常只有在一定的范围内，在符合自己的条件的基础上，我们才能确定每种最小单位。例如，从音质的角度出发确定下来的最小语音单位是音素，而从语音结构的角度划分出来的最小语音单位则是音节。我们说词也是语言中一种最小的单位，这是从造句这个条件出发划分出来的。也就是说，作为造句的备用单位，词是不能进一步划分的最小单位，在所有的造句材料中，它就是最小的单位。

我们说词是一个不能进一步划分的最小的整体，是从它一定是表示一个完整的、独立的意义的角度说的。所谓完整的、独立的意义是说词的意义是对某种特定的事物或者现象的体现，因此通常情况下，词的构成成分的意义的简单相加是不等于词的意义的。从这个角度说，词是不能进一步分割的，如果进一步分割，这个词原本表示的意义就没有了，那么这个词也就不存在了。另外，还有一种可能是进一步分割之后就变成另外的词了，原因是它的意义发生了改变。例如，“冰箱”这个词的意义是“冷藏食物或药品用的器具”。这个意义是独立的、完整的，和它所特指的事物关系密切。因此，我们不能将它理解成“有冰的箱子”或“冰冷的箱子”。换句话说，我们理解这个词的时候不能把它拆分成“冰”和“箱”。如果这样拆分，那就变成“冰”和“箱”两个词了，这样也就不是表示“冷藏食物或药品用的器具”的“冰箱”这个特定的词了。相应地，如果这样分割后，从意义上看，“冰箱”所表示的意义只能理解成“冰”这个词的意义和“箱”这个词的意义简单相加得来的，那就自然不是“冰箱”这一个词的独特的意义了。由上可知，作为一个词而存在于现代汉语词汇里的“冰箱”，是一个不能进一步拆分的整体，因而我们说它是一个造句的最小单位。又如，“裹腿”是指“缠在裤子外边小腿部分的布条”，“养病”是指“因患病而休养”。这些词都有独特而完整的意义，都和它们所指称的事物、现象密切相关。所以，“裹腿”不能简单地理解成裹上腿，“养病”不能理解成滋养疾病。作为汉语中的词，“裹腿”和“养病”是由语音和语义结合而成的、不可进一步拆分的固定结构，在造句时可以独立运用，是最小的语言单位。然而，虽然词在意义上具有不可分割的特征，但不能因此就认为词在结构上也是不可分析的，因为词本身就是一种结构，是能够进行结构分析的。

上面我们总结了词的五个特点。对于一个词而言，以上五个特点是要统一在一起的，不能分开来讲，它们是词所必须具备的要素，任何特点都不能舍弃，否则对于词的认识就是不全面、不正确的。

二、词的辨识

（一）对词的辨别

基于以上认知，我们可以进一步观察和分析汉语词的实际情况，进而确定哪些成分应被视为词。

由于语言是不断演变的，因此同一个语言单位在现代和古代的具体表现可能并不完全相同。这里我们将仅从现代汉语的角度，对具体情况进行具体分析。

在现代汉语中，应被视为词的情况主要包括如下八种。

第一种，可以独立造句的有意义的单字。例如：

天　雨　风　电　雷　火　海　冰　树
羊　马　狗　牛　猪　鸡　鱼　龙　蛇
布　油　铁　铜　鞋　锅　泥　碗　酒
脸　头　手　脚　腿　胆　脾　血　肉
跑　抱　打　踢　甩　拄　叫　买　逃
小　少　高　胖　美　白　绿　厚　重
你　我　他　这　那　哪　谁　您　它
一　十　百　千　万　亿　零　个　双

第二种，由无义字或弃义字构成的可以独立造句的字组。例如：

参差　玻璃　踌躇　仿佛　吩咐　含糊　傀儡
玲珑　葡萄　逍遥　蜘蛛　吧嗒　哗啦　扑通
芭蕾　逻辑　沙发　喀秋莎　澳大利亚　渥太华

以上各词中的构成材料都是一些不能独立表义的字。像“踌、躇、玻、葡、蜘”等无论在什么情况下都是不能表义的，这种字我们称之为无义字。而像“通、沙、发、秋、大”等虽然在独立使用时是具有各自意义的，但是在以上的各词中，却只是代表一定的声音形式而无意义的字。原因在于它们独立使用时所表示的意义，和作为字组构成成分的意义以及这些字组的整体意义都没有任何联系，在这里出现仅仅是凭借它们的语音形式。这种字我们称之为弃义字。

第三种，由弃义字和有义字构成的可以独立造句的字组。例如：

卡车　啤酒　沙皇　酒吧　卡片　中巴
比萨饼　吉普车　卡介苗　唐宁街　沙丁鱼
因特网　呼啦圈　道林纸　阿尔茨海默病

以上这类词的共同点为，不表义的字都是仿照外来语词的声音而来的弃义字。在现代汉语中，这些不表义的字都是不可以单独存在和使用的，只有当它们和某个表义的字组合后，才产生了一种修饰限制的关系，这时这些仿照外来语词声音的字才可以呈现出某些表义功能。例如，“沙皇”的“皇”原是皇帝的意思，“沙”则是俄语皇帝的音译字，当“皇”与“沙”组合以后，二者形成了修饰限制的关系，这样就使“沙皇”成为某个地区的皇帝，具有“俄罗斯和保加利亚过去皇帝的称号”的意思。又如，“酒吧”中的“吧”来自于英语词bar的声音仿照，bar在英语中是“酒馆”的意思，但是在现代汉语中，“吧”不是一个能够单独表义的字，经过和“酒”组合之后，形成了修饰限制的关系，仅是在这种情况下，

“吧”才呈现出意义来。“酒”和“吧”一起组合后构成了“酒吧”这个新的字组，该字组在汉语中可以独立运用，并可以表示特定的意义。现代汉语中类似情况的字组都可以确定为词。

第四种，由有义字和虚化字构成的可以独立造句的字组。例如：

老鼠　老乡　老师　小明　小王
第一　阿公　初十　瓶儿　尖儿
帘子　盖子　木头　盼头　苦头
突然　忽然　关乎　近乎　盐巴
傻乎乎　冷飕飕　凉丝丝　普遍性
工业化　商业化　革命者

这些字组中已经虚化的字，如“老、小、第、阿、初”等，是说它们在词汇意义方面已经虚化，已没有明显的表示词汇意义的作用了。例如，“帘子”的“子”和“莲子”的“子”、“砖头”的“头”和“地头”的“头”就完全不同，它们的前者都是虚化字，而后者都是表示实在的词汇意义的表义字。不过这些虚化字在词汇意义虚化的同时，却获得了显著的表示语法意义的作用和功能。上面举例中的“老、子”等就具有标志名词的作用，“化”则有标志动词的作用，“乎乎、丝丝”等都是标志形容词的虚化成分。

第五种，由有义字重叠以后构成的可以独立造句的字组。例如：

悄悄　勃勃　忡忡　菲菲

惙惙　巍巍　凛凛　粑粑
鼎鼎　苍苍　迟迟　兜兜
白白　拜拜　嘚嘚　蠢蠢

这类字组有以下两类情形：一类是如“悄悄”和“惙惙”这两组词，不能独立造句的表义字和重叠后的字组表示的意义是一样的；另一类是如“鼎鼎”和“白白”这两组，构成字组的表义字重叠后产生了新义，也就是表义字和重叠后的字组表义不同。这后一类又分为两种情况：一类是如“白、迟、兜、蠢”等字，这些表义字自身也能够独立成词；另一类是如“苍、嘚”等字，这些字在现代汉语中只有重叠之后才可以成词。这两类情形虽然不一样，但它们却表现出相同的特点，即这些字本身都是表义的，同时在重叠之后，它们所表示的意义，从现代汉语的视角看，与其原本的单字都不一样。当然我们也要承认，假如从历时的视角出发考察其意义的变化，那么有些词的意义发展应是可以溯源的。

现代汉语中还有一些词会同时存在单独使用和重叠使用两种形式。例如，表述亲属称谓关系的词“哥—哥哥、姐—姐姐、妈—妈妈、姑—姑姑、叔—叔叔、舅—舅舅”等，表示通常事物名称的词“星—星星、棒—棒棒”等，这些词在现代汉语中的两种不同形式，都具有相同的意义，这是汉语词汇在发展变化中，自然形成的词的两种形式共存的情况。这种重叠字组的形成，从历时角度看是汉语词汇发展的双音化趋势的具体体现。当然，儿童语言的叠音形式对其形成也发挥了某种程度的影响作用。

现代汉语中还有另外一种重叠形式，是由一个可以独立造句的表义字重叠形成的，重叠之后在保持基本意义不改变的情况下，产生出某种语法意义。这样的重叠形式也应当视为一个词。例如，“人—人人、家—家家、年—年年、趟—趟趟、次—次次”这些词重叠之后在保持基本意义不变的同时，产生出“每一”的意义；“学—学学、试—试试、走—走走、抬—抬抬”这些词重叠之后在保持基本意义不变的前提下，产生出短暂义或尝试义；“好—好好、轻—轻轻、矮—矮矮、酸—酸酸、白—白白”这些词重叠之后在保持基本意义不变的同时，增加了表示程度加深的语法意义。

这种重叠形式与“匆匆、频频”等体现出完全不一样的性质特征。“匆匆、频频”是“匆”和“频”这两个不能单用的表义字重叠之后形成的具有全新语言形式的词，而“家家”却是在“家”这个词的基础上形成的，是该词的变形，也就是说它是在“家”仍旧可以单独使用的情况下，增加不同的语法意义而产生的相同的一个词的不同形式的变化。

第六种，由不能独立运用的有义字构成的可以独立造句的字组。例如：

哀怜	安澜	安堂	鞍韂	案牍
翱翔	拗口	奥博	跋涉	靶场
罢黜	邦联	褒扬	碉堡	卑鄙
悖谬	疲惫	畚箕	鼻翼	匕首
彼此	鄙薄	毕肖	庇荫	敝屣
蔽障	臂膊	发辫	宾服	濒临
殡殓	秉性	禀赋	泊位	勃兴

第七种，由可独立运用的有义字和不能独立运用的有义

字构成的可以独立造句的字组。例如：

哀苦　爱好　安保　谙练　鞍马
按例　案板　暗堡　黯淡　昂首
遨游　鏖战　傲人　奥妙　懊恨
八股　笆斗　拔擢　把柄　靶心
坝田　罢免　白桦　百世　摆脱
拜贺　扳机　颁授　斑驳　板材
办公　半途　扮饰　伴侣　邦交
绑缚　榜首　谤书　简短　宁静

上面例词中的各字都是能够表示意义的，但它们的情况却有所不同。例如，“简短”中的“短”、“宁静”中的“静”等不但可以表示意义，而且在现代汉语中都能独立成词。可是“简、宁”等字，虽然也能表示意义，但现在却不能独立成词了。

第八种，由可独立运用的有义字组合而成的表示新的意义的可独立造句的字组。例如：

挨整　爱护　碍难　安放　裹腿
暗藏　凹陷　熬煎　拼命　扒车
拔除　白醋　百倍　摆放　败北
拜年　扳手　颁发　斑白　搬弄
板报　办法　半大　扮戏　伴唱
白蜡虫　斑马线　半边天　扮鬼脸
帮倒忙　包工头　保险刀　抱佛脚

通过观察我们发现这类词的特点为：字组所包含的每个字都

是具有一定意义的，并且还都能够独立成词。例如，“裹腿”的“裹”和“腿”、“抱佛脚”的“抱”“佛”和“脚”或者“抱”和“佛脚”、“保险刀”的“保”“险”和“刀”或者“保险”和“刀”等，都是具有一定意义的，而且还能够独立成词。所以，认定这部分词的成词身份就变得很不容易。一般人们觉得词和短语很难区分，就出现在这类词上。

在具体识别这类词的时候，我们一定要根据“词是由语音和语义结合而成的定型结构”这个标准来确定。我们说，词这个定型结构形成之后，它就是一个具有特定意义的整体，同时具有独立的造句功能。所以，通常情况下，词的意义并不是构成它的每个字的意义的简单相加。另外，从构词的语法关系上看，词也不是可以任意地依据构成它的各字之间的语法关系进行扩展的。例如“白醋”这个词，我们说它是一个语音语义结合而成的定型结构，它的特定意义是“无色透明的食醋”。由这个词义可以看出，“白醋”这个词是用来指称一种食醋的名称，并不是简单地指“白的醋”。“白醋”和“白的醋”所表示的意义是不一样的，“白醋”是不可以扩展的，原因在于它是汉语中一个表示一定意义的定型结构。相同的情况，“山水”也不可以扩展成“山和水”，“扳手”也不可以扩展成“扳着手”或“扳了手”，同样“斑马线”也不可以扩展成“斑马的线”。所以我们说，词作为由语音和语义结合而成的定型结构，是不可以任意扩展的。我们依据这一特点，就能够把这种类型里面的绝大多数词识别出来。

综合上面八种情况，前七种和第八种中的大部分词还是比较容易辨认的，只有第八种情况中的少数词，会出现与短语很难分清的问题。造成这种难以区分的原因是，第八种情况中构成词的各字都有独立成词的可能性。

（二）词和短语的区分问题

现代汉语中的一些词和短语存在不易区分的情况，主要有以下四种：

第一，在现代汉语中，确实存在一些字组既是词又是短语。例如，“山水”可以指“山上流下来的水”，或“泛指有山有水的风景”，或“指以风景为题材的中国画”等，这时“山水”是一个表示特定意义的不可以进一步分割的造句单位，为一个定型结构，因此是一个词。但是，在现代汉语中“山水”又可以表示“山和水”的意思，也就是说表示“山”和“水”这两种不同的事物，这个时候的“山水”并不符合上述词的条件，它只能是“山”和“水”这两个词临时组合在一起构成的，因此是一个短语。下面这些例子都是这种情况。

笔墨：表示“文字或文章”的意思时是词，指称“笔”和“墨”两种事物时则是短语。

红花：表示“一年生草本植物，叶子互生，披针形，有尖刺，开黄红色筒状花的植物”或者“一种中药材”的意思时是词，指称“红色的花”时是短语。

江湖：表示“旧时泛指四方各地”或者“旧时指各处流浪靠卖艺、卖药等生活的人，以及这种人所从事的行业”的意思时是词，指称“江”和“湖”两种事物时则是短语。

妻子：表示“男子的配偶，与‘丈夫’相对”的意思时是词，指称“妻子”和“孩子”时则是短语。

第二，在现代汉语词汇中，确实存在少数字组是能够扩展的，扩展之后的意义与原来的意义基本相同，如“牛角—牛的角、羊奶—羊的奶、猪肉—猪的肉、鸡蛋—鸡的蛋、鹅肝—鹅的肝”等。可是我们还是认为“牛角、羊奶、猪肉、鸡蛋、鹅肝”等是词，而“牛的角、羊的奶、猪的肉、鸡的蛋、鹅的肝”等是短语。因为，只要我们稍加观察，就会发现在相同的语言运用中，是不可以使用“牛的角、羊的奶”等形式来代替“牛角、羊奶”等形式的。比如，“这是牛角雕刻”是可以说的，但“这是牛的角雕刻”却是不能说的；“我买了两盒羊奶糖”是可以说的，“我买了两盒羊的奶糖”却是不能说的。所以像这种类型的词，在语言的具体运用中，通常都是不可以扩展的。上述情况可以说明，构成这些词的字组整体具有相当程度的完整性，是不可以任意拆分的。另外，从语言运用的实际情况看，这些词作为一个意义完整的定型结构，被人们使用的频率也是非常高的。以上说明“牛角、羊奶”等都是具有特定意义的定型结构，从语言单位的归属上看，它们都是词而不是短语。

第三，现代汉语中也存在能在一定程度上扩展的词。例如，“抬高、打倒”等词中，组成词的各字本身都能够独立成词，而这些字组也可以进行一定程度的扩展：“抬高”能够扩展成“抬得高、抬不高、抬得高不高”，“打倒”也可以扩展成“打得倒、打不倒”等。因此，这类词的辨认确实不容易。对于这类情况的词，我们可以有如下的认识，这些词虽然在某种程度上能够进行有限的扩展，但是在更多的语言运用中，它们的构成成分的结合是非常紧密的，因此是不能扩展的。例如，“我们不能随意抬高物价”中的“抬高”、“必将打倒黑恶势力”中的“打倒”，在这两个语境中，就是不可以有任何扩展的。在具体的语言使用中，像这些不可以使用扩展的形式来代替的字组，表现出了一定的完整性和定型性的特征，因此我们判断这些字组都是词。

第四，现代汉语中存在的少数离合词。这里所说的离合词指的是现代汉语中能够经常拆开来使用的某些词，主要有以下两种情况：

一种情况是构成词的每个字都可以独立成词。例如：

拔河：拔了一次河、拔不了河

把门：把个门、把了门、把不了门

摆渡：摆着渡、摆过渡、摆了一次渡

拜佛：拜了佛、拜什么佛

另外一种情况是构成词的字有的在现代汉语中只是不能独立成词的表义字。例如：

理发：理了发、理个发、理了一次发

动员：动了几次员、动了三次员

敬礼：敬了个礼、敬一个礼

站岗：站了岗、站个岗、站了两班岗

上面各词中的“发、员、礼、岗”等字，在现代汉语中是不可以独立成词的。

以上两种情况虽然在构成词的字是否成词这一点上不一

样，但它们的相同点是既可以“离”，也可以“合”。对于离合词，我们的观点是：没有扩展的时候是词，扩展的时候则是短语。这些词在没有扩展之前，是具有一定意义的不可以分割的定型结构，是可以用来独立造句的，因此是词。这些词在扩展之后，构成它们的每个字就具备了词的功能，同时是以词的身份组成了扩展之后的短语，即使是那些如今在现代汉语中已经不能独立成词的字，如“动员”的“员”等，在实际的语言运用中，也可以把它们当作词了。

（三）词和语素的区分问题

在一种语言中，语素和词都是音义结合体。语素是一种语言中最小的音义结合体，而词是一种语言中最小的能够独立运用的语言单位。在实际的语言运用中，我们要注意二者之间的区别，不能把语素当作词来使用。例如：

我们要从实际出发决问题。

这个研究所拥有进的实验设备。

第一句的“决”是“解决、表决、裁决、判决”等词的构成语素，第二句的“进”则是“先进、前进、行进、迈进”等词的构成语素。尽管如此，像上面这样使用却是有语病的，不能清楚完整地表达意义，应当改成与之相应的词：“解决”和“先进”。

古代汉语中存在大量的单音词，这些词发展到现代汉语阶段已经不能独立运用，也就是说，它们由原来的词变成了构成词的语素。当然这些单音节语言形式在一些特殊的语言结构或固定短语中，仍然可以当作词来使用。例如“决”，在古代汉语中它是一个能够独立运用的词，到了现代汉语阶段，它只是一个构词的语素，但是在具有书面语色彩的成语中却可以说“一决雌雄”，这里的“决”则是一个词。我们在实际语言运用中如果随意地仿照文言式语句进行表达，在现代的或口语的语言环境中随便地使用一个文言词，就会造成这样的语病。具体而言，就是把一个语素当成了一个词来使用。上面的两例，很可能就是由于这个原因造成的。

另外，因为方言使用习惯的影响，也有人会把语素当作词来使用。例如：

篮球打在了我的面上。

我一个星期汰两次头。

把“脸”说成语素“面”，这是闽方言的语言习惯，因为在闽方言区，“面”是口语中经常使用的一个词，就是普通话“脸”的意思。但是如果把这种方言用法用到普通话的表达中，就是有问题的，因为在普通话中“面”如果作为词使用时是“面粉”的意思，作为语素时才是“脸”的意思。所以第一个句子只有说成“篮球打在了我的脸上”才是能被大家理解的。同样的道理，“汰”在现代汉语普通话里只有在构词的时候或者在成语中才能当作一个词来独立使用，如“淘汰、优胜劣汰”等。用“汰”表示“洗”，这是上海话的方言用法。在普通话的语言表达中，“汰”如果当作一个词来独立运用，会让人费解。

除了上述原因，不能准确区分词和字，也是造成词和语素混淆的一个比较普遍的原因。在汉语中，作为书写符号的一个汉字，能够代表语言单位的一个词或一个语素，还可能只是一个音节。例如：

呼和浩特创办了很多公司。

这句话有十一个汉字，这十一个汉字代表的可不是现代汉语中的十一个词，只有“了、很、多”这三个字分别是一个词，“创、办、公、司”这四个字分别代表的是一个语素，而“呼、和、浩、特”这四个字分别对应的则只是一个音节。因为在汉语中“呼和浩特”是一个音译外来词，在这个外来词中，“呼、和、浩、特”只有语音形式，但都没有意义，所以，它们既不是词也不是语素。又如“沙发椅”，是由三个字构成的一个词，这个词是由“沙发”和“椅”两个语素构成的。由此可知，字和词并不是对等的，字和语素也不是完全对等的。从形体的角度看，字属于书写符号，是书写单位，而词和语素则是语言单位，它们是不能混淆的两种单位。可是因为汉字在书写的时候，是一个字一个字地呈现，不能显示不同词之间的界线，加之汉语中大量存在一个字就是一个词的情况，所以就会出现把字误作为词的问题。

在语言运用中，我们一定要严格地区分字和词，这是区分词和语素的前提，只有这样我们才能准确、清晰地理解词这个概念。

下面我们再结合词的各种构成类型来进一步了解词与语素的关系。

现代汉语中，有些词是由成词语素构成的，它们本身就是最小的音义结合体，如“人、山、苦、跑、蜻蜓、沙发、威士忌”等。它们在构成上看是最简单的词，都是由一个成词语素构成的，这样的词我们称为“单纯词”。与之相对的是

“合成词”，是由两个或两个以上的语素构成的词。如果是由两个或两个以上具有实在意义的词根语素构成的词，我们称为“复合词”。例如：

渺小　善良　反抗　溃败　和平

沙发椅　摩托车　宇航服　三氯氰胺

如果在一个单纯词或复合词上附加一个词缀语素（如“老-、小-、第-、阿-、初-”“-子、-儿、-头、-性、-者、-化”等）所构成的词，我们称为“派生词”。例如：

老＋鼠→老鼠　　小＋王→小王

第＋二→第二　　阿＋爸→阿爸

初＋一→初一　　桌＋子→桌子

尖＋儿→尖儿　　苦＋头→苦头

积极＋性→积极性　　革命＋者→革命者

工业＋化→工业化

在现代汉语中，有的派生词还可以再加上一个词根语素构成一个复杂的复合词，如“果子”和“露”结合，构成“果子露”，“老头”和“衫”结合，构成“老头衫”。

在上古和中古时期，汉语中的大多数词都是单纯词。但是，到了近代汉语和现代汉语，越来越多的复合词开始产生，并且在数量上逐渐占据优势，其中数量最多的是双音节的复合词。当然，派生词也是从近代逐渐增多的，也是双音节占优势。

我们知道，声音和意义是一个词必须具备的两个方面。如果仅从声音方面看，词的分类有单音词（如“人、水”）、多音词（如“勇敢、沙发、宇航服、奥林匹克”）、叠音词（如“猩猩、潺潺”）等。在现代汉语中，从整体数量上看，双音节词是占优势的。

如果仅从意义方面看，词也有很多种不同的分类，这要在下面详细说明。声音和意义相比较，词的意义要比声音重要，同时也要复杂得多。对于一个词来说，我们理解和运用得好的关键，是要看它的意义。

第二节　词义的性质和构成

一、词义的性质

（一）词义是词的内容

对于一个词来说，声音是其形式，而意义则是其内容。那么，这种内容究竟指的是什么呢？

其实词的内容对于我们来说并不陌生，只要我们在生活中运用语言进行交际，我们就会接触它、理解它。举例来说，甲、乙两人在池塘边走，甲对乙说：“你看！池塘里什么在动？”乙答道：“蛇！”“蛇”这个词的内容，作为回答者乙来说当然是知道的，而提问者甲听到 shé 这个语音，也会知道它指的具体是生活中的什么东西，也就是理解它所表达的内容。由此可见，词的内容就是词义，就是词所对应的某种事物对象。

词作为一种语言符号，能够指称各种各样的事物。这些事物不管是现实生活中客观存在的，还是人们头脑中想象出来的，只要我们在现实的社会交际中需要使用它们，那么就都可以用词来指称。用词来指称的可以是人类自身，也可以是世界万物，这些就是词义所指。有些词（如“妖怪”）所指的事物对象虽然在客观真实的世界中是不存在的，但在人们的社会交往和语言交际中却可以使用它们，因此这些词在汉语中是客观存在的，如“妖怪”的意义就为“神话中形状奇怪可怕、有妖术、会害人的精灵”。

（二）词义的概括性

词义是人的意识对事物对象加以反映的结果，这种反映具有抽象概括的特点。比如“蛇”，这个词的词义不是反映某条具体的蛇，而是概括地反映各种各样的蛇——抛开了个别的蛇的独有特点，只取一切蛇所共有的性质特征，如爬行动物，身体圆而细长，有鳞，没有四肢。因此，“蛇”的意义是抽象的，这个词指的是一般的蛇。一般情况下，词是用来指称某类事物或现象的整体的。例如，“纸”这个词指的是生活中各种各样的纸，像是白纸、黑纸、红纸、宣纸、复写纸、包装纸、印刷纸、大张纸、小片纸等各种颜色、各种大小、各种功能的纸。在形成“纸”的词义时，我们要从各种各样的纸中抽象概括出所有纸的共同特征，这些特征是纸区别于其他事物的本质特征，最终概括的结果是“写字、绘画、印刷、包装等所用的东西，多用植物纤维制造”，这就形成了“纸”的词义。只要是词所指称的对象一定都具有该词所概括出来的这种本质特征。反过来说，没有这种共同的本质特征的就不是这个词表示的对象。在这样的认识的基础上，词义才会起到准确联系词与其所指称的事物的作用。我们说，一种语言中所有的词的意义都具有概括性特征，包括具有特指性的专名词语。例如，“鲁迅”指的虽然只是一位著名的中国现代文学家，但这个词概括了不同时期的鲁迅——童年的鲁迅、少年的鲁迅、青年的鲁迅、中年的鲁迅、晚年的鲁迅，他们的外貌是不同的，生活习惯、性格气质、知识水平、生活阅历等也不同，但是我们最终可以从一些共同的东西来判断他们是同一个鲁迅，而这里说的共同的东西就是我们从鲁迅的不同时期概括出来的。地名也是如此，像“上海、南京、深圳”的词义是从这些城市的历史和现状所体现出的各种特征中概括出来的。

在具体言语活动中，使用的词往往确指某个具体的事物对象。如两个人在填表格，甲把笔借给了乙，现在甲要填表，就向乙说：“请把笔还我。”这句话中，“笔”指的就是甲所借的那支笔。乙能了解甲的这个意思，这是在于“笔”本有概括的意义，指的是写字画图的用具，其中自然也可以概括甲借给乙的那支笔。正是由于词义的概括性制约着它在言语活动中可能出现的具体性，并且对这种具体性有提示的作用，因而交流思想的双方都能从概括性上去了解对方所使用的词的含义。

（三）词义的模糊性

这里说的词义的模糊性不是说词的表义是模糊不清的，也不是说其所指的对象是含混不清晰的，而是说词义的边界通常不是十分明确。这种界限的不明确往往与词所指称的事物的边界不明确有关。例如“傍晚”这个词，我们说它的词义是具有模糊性的，它和“下午”之间就没有确切的划分界限——“下午”到几点几分结束，“傍晚”从几点几分开始，又到几点几分结束，这些都没有明确的规定。又如“碗”这个词，我们感觉和时间词相比，它的意义是比较明确的，《现代汉语词典》（第7版）将它解释为“盛饮食的器具，口大底小，一般是圆形的”。但是，盛食品的常用器具除了“碗”还有“盘子”，虽然凭借日常经验大家是能够将二者区分开来的，可是“盘子”也是“口大底小”的，这里的大小就是具有模糊性的。

我们说词义的模糊性是由词所指称的客观事物的边界不明确造成的，更进一步来看，这与我们所处的客观世界及我们的认识有关。我们所处的客观世界本身是一个连续的整体，为了清楚地认识它，我们会将其划分为不同的范畴，而客观事物本身也是具有连续性的，我们在划分的时候就会出现不同事物的边界部分，我们所说的模糊性就是针对这个边界部分而言的。也就是说，词义的核心部分是比较明确的，越到边缘越模糊。以上面说到的时间词为例。客观世界中的时间是一分一秒地过去的，是没有间断的，也没有下午与傍晚的非常清晰的界限。可是“傍晚”的核心部分还是很明确的，这个核心部分才是我们注意的重点，这也就成为该词词义所要概括的重要内容。相对来说，边缘部分会在词义概括的时候被不同程度地忽略掉。

（四）词义的民族性

同样的事物现象在不同的语言中是否用词来表示，用什么词来表示是不一样的，这样就使得不同语言词义所概括的对象范围不完全一样，这就是我们所说的词义的民族性。例如，在汉语中“伯伯、叔叔、舅舅、姨夫、姑父”表示与自己有亲属关系的长一辈男性，而英语却只用 uncle 一个词来表示。英语的 coffee 借入到现代汉语就成了“咖啡”，经过现代汉语的本土化改造，语音和词义都有了变化。coffee 在英语中除了指咖啡外，还可以指咖啡色，而现代汉语的“咖啡”则没有表示颜色的义项（义项即字典、词典中同一个条目内按意义分列的项目）。

词义的民族性不仅仅存在于词的理性意义上，在附加的色彩意义上也会表现出民族性特征。例如“狗”这个词，用于指犬类本身时汉族和英吉利民族的人民都是很喜爱的，但这个词用来指称人时，附加的感情色彩义就不太一样了。在英语中 dog 用于指人时，一般是没有褒贬义的，有时会体现褒义色彩。例如，dogfight 是“激战”的意思，没有褒贬义，doggish 是“泼辣、华丽”的意思，略带褒义色彩，而 to work like a dog 是“拼命地工作”的意思，a lucky dog 则是“幸运儿”的意思，带有褒义色彩。而汉语中，“狗”用于指人时构成的词语，如“狗屁、狗屎、狗熊、落水狗、看家狗、巴儿狗、狗仔队、狗吃屎、狗咬狗、狗头军师、狗急跳墙、狗尾续貂、狗仗人势、狗血淋头、蝇营狗苟、狗皮膏药、打落水狗、指鸡骂狗、偷鸡摸狗、斗鸡走狗、狗嘴里吐不出象牙”，都是带有贬义色彩的。

二、词义的构成

在现代汉语词汇中，词义不是单一的，它包括多种因素。每个实词都具有理性意义，即同概念联系密切的核心意义，此外还可能带有附加在理性意义之上的色彩意义。

（一）理性意义

理性意义是指词义当中与表达概念相关的意义内容，也可称作概念意义。例如：

> 计算尺：根据对数原理制成的一种辅助计算机的工具，由两个有刻度的尺构成，其中一个嵌在另一个尺的中间并能滑动，把两个尺上一定的刻度对准，即能直接求出运算的结果。
>
> 绿茶：茶叶的一大类，是不发酵茶。用高温破坏鲜茶叶中的酶制成，沏出来的茶保持鲜茶叶原有的绿色。种类很多，如龙井、碧螺春等。主要产于浙江、安徽、湖南等地。
>
> 厚道：待人诚恳，能宽容，不刻薄。
>
> 瓜分：像切瓜一样地分割或分配，多指分割疆土。
>
> 负责：担负责任。

在词典中对每个词进行的释义，主要就是这种同概念相关的理性意义。

在词义中理性意义的作用表现为给词所指称的事物或现

象划定一个范围，如果都是这个词所指称的事物或现象，那么就都包括在其中，如果不是这个词所指称的事物或现象，那么就都不包括在里面。例如，“绿茶”的理性意义就是用来说明这个词所指称的是不发酵的茶，所以发酵的红茶就不是“绿茶”的一员。

（二）色彩意义

词义中最主要的是理性意义，除此之外一些词可能还具有附加的色彩意义，也可以叫作附属意义。它是附丽于词的理性意义之上的能够表达人的特定感受的。与词的理性意义不同，色彩意义不是每个词都必须具有的。下面我们从感情色彩、语体色彩和形象色彩三个方面来加以讲解。

1. 感情色彩

感情色彩包括褒义色彩和贬义色彩两种。有些词，除了理性意义之外，还能体现说话人对相关事物或现象的肯定、称赞、褒扬的感情态度，这就是词义中的褒义色彩，具有褒义色彩的词就相应地称作“褒义词”。例如：

领袖　烈士　仁慈　厚道　宽容　坚定
伟大　聪明　高尚　勤奋　善良　谦逊
团结　鼓励　尊敬　奋发　奉献　拼搏

而有些词，除了理性意义之外，还能体现说话人对相关事物或现象的否定、讨厌、贬斥的感情态度，这就是词义中的贬义色彩，具有贬义色彩的词也就称作“贬义词”。例如：

敌人　汉奸　白痴　邪恶　卑鄙　懒惰

毙命 龌龊 虚荣 庸俗 冷漠 蛮横

巴结 勾结 奉承 吹捧 奸笑 轻蔑

显而易见，现代汉语词汇中更多的词是既没有褒义色彩，也没有贬义色彩的。例如：

小溪 大海 性格 集合 原因 观点 学生

衣架 纸张 红茶 袜子 水杯 右 南

西 走 拉 看 跳 厚 薄

除了上面的情况外，现代汉语中有一些词本来没有褒义或贬义的感情色彩，但是当它们组成短语或造成句子以后，所组成的短语或句子就产生出褒贬不同的感情色彩。例如，“能力、地方、标准”这三个词本来是不具备褒义或贬义的感情色彩的，但是在构成“有能力、是地方、够标准”之后，就产生出令人满意或符合标准的意思，这样就带有褒义色彩了。又如，“年轻、软”这两个词本身没有褒贬感情色彩，但是在构成句子“你还是太年轻了”和“这面和得软了点”之后，就产生出不太合乎标准的意思，带有贬义色彩。

2. 语体色彩

现代汉语词汇中有些词语因为常常用于某种特定的语体当中，于是就附带上了该种语体所独有的色彩。这就是语体色彩，又称作文体色彩。语体色彩具体可分为书面语色彩和口语色彩。下面是具有书面语色彩的词：

诞辰 母亲 苍穹 嗜好 嶙峋 珍重

屡次 旖旎 儒雅 诚挚 联袂 摇曳

商讨 烦劳 反诘 缕陈 掠取 骈阗

下面是具有口语色彩的词：

哥们　老爸　今儿　吃货　脑袋瓜子
白搭　溜达　糊弄　玩意儿　毛驴子
害臊　使坏　数落　乱哄哄

在语言运用中，对于不同语体色彩的词的选择，与语言的使用场合直接相关，同时也和说话人的文化水平与修养密切相关。例如：

> 我这才依稀想见，曾在报纸上见过他在幼桐边披衣远眺、掐腰自信的留影。悠悠30年，斯人长逝，而幼桐拔地参天，引领着一茬又一茬新桐林，昭示着艰苦创业的新景观。我手扶这巨桐，浮想几多。哦，我们的县委书记、县长，成千上万，我们广袤乡野上的基层领导干部，更是千千万万。
>
> （周熠《月照桐林》）

这段文字中加点的词都带有书面语色彩，能够体现出该文作者具有较高的文化水平。

> 白玉山自从做了农会的武装委员以后，真是挺忙。见天，天不亮就出门去，半夜才回家。原先他是个懒汉，老是黏黏糊糊的，啥也不着忙。他老是说："忙啥？歇歇再说，明儿狗咬不了日头呀。"现在可完全两样，他成天脚不沾地，身不沾家，心里老惦记着事情。明白他从前脾气的熟人，存心跟他闹着玩："歇歇吧，白大哥，忙啥？明儿狗咬不了日头呀。"白玉山正正经经回答道："不行，得赶快，

要不就不赶趟了。”　　　　　（周立波《暴风骤雨》）

这段文字中加点的话则出自农村东北农民之口，他们的对话中自然会大量出现具有口语色彩的词语。

3. 形象色彩

在现代汉语词汇中，有些词会给人带来一种形象感，这种形象感通常来自于表示具体事物的词，也就是说，对具体事物的形象加以概括就形成了词的形象感。这种形象感通常不会引起人们的注意，除了是特别强调。例如“三头骆驼、五条蛇”，显然骆驼和蛇是有形象的，但是人们在运用这些词时却不会感觉到它们有区别于其他词的形象色彩。现代汉语词汇中，还有一些词语的理性意义就是对于形象的概括和描写，也就是说它们的词义是专门描述某种具体形象的，如“漂亮、安静、绚烂、黄、黑”，这样的词的形象意义是它们的理性意义，而不是附加意义，所以它们也不具有形象色彩。可是如果利用上面这些字或字组构成词，那么这些词就带上了某种形象色彩。在理性意义的基础上，它们还会让人产生一定具体生动的感觉，这就是形象感。词所附带的形象色彩除了表现为形态之外，还可以表现在动态、颜色、声音等方面上。例如：

狮头鹅　五指山　驼峰桥　金钱松　葫芦岛
花梨木　五星石　老虎滩　鸡冠花　　（以上形态）
流星　霜降　下泻　插花　掉枪花
自流井　撞衫　跷跷板　　（以上动态）
红茶　黑鱼　紫貂　棕熊　青梅

蓝屏 黄柏 （以上颜色）

呱呱叫 轰响 叮咚 汪星人 （以上声音）

在文学作品中往往会使用具有形象色彩的词语，以增强作品的生动性和感染力。例如：

> 微风过处，送来缕缕清香，仿佛远处高楼上渺茫的歌声似的。这时候叶子与花也有一丝的颤动，像闪电般，霎时传过荷塘的那边去了。叶子本是肩并肩密密地挨着，这便宛然有了一道凝碧的波痕。
>
> （朱自清《荷塘月色》）

上面这段文字中加点的词语在表示不同的理性意义之外，还都带有丰富的形象色彩。

除了上面提到的色彩意义之外，词在理性意义之上还会附加其他色彩意义，这主要与词的不同来源有关。如果一个词来自于古代汉语，那么它常常会具有书面语的庄重典雅色彩；如果一个词来自于汉语方言，那么它就往往带有地域色彩；如果一个词来自于他国语言，那么它就带有异域色彩。例如：

> 起始，赵玉林尽说一些别人的事，往后才慢慢谈到他自己，他说："……四回劳工，数牡丹江那一回蝎虎，二十天，二十宿，没有睡觉，一天吃两顿橡子面，吃了肚子胀，连饿带冻，死的人老鼻子啦。"
>
> （周立波《暴风骤雨》）

上面例子中加点的词语体现出黑龙江方言的地域色彩。

此外，来自不同行业、不同社团的专门词语，都具有其各自独特的行业色彩。

三、词义的理解和词的运用

词义的内容是丰富多彩、纷繁复杂的，这是因为词义所指称的事物或现象是多种多样的。由于词义所指的对象是大千世界中种种复杂的事物、现象等，所以词义的容量是十分复杂而细致的。因此，以上对于词义构成的分类只是大体的情况，总的来说还是很粗略的。另外要特别注意的一点是，词的理性意义和色彩意义在语言运用中通常是被看作一个统一体来使用的。我们只有细致深入地理解词的内涵特征，才能更加准确、生动、形象地运用它们。这就涉及人们常说的词语锤炼的问题。例如：

当我们要离开宏村的时候，站在村南的湖畔，回首南望，南湖烟波浩渺，似纱如绸，翠竹生辉，耸峰峻秀，云掩霞照，依稀画里。

（《人民日报》1994 年）

上例中作者使用了五个四字结构，非常形象生动、细致入微地描绘了南湖的美景。如果我们对词义所指称的对象和范围没有准确的理解和把握，那么就会出现用词不当的语误现象。例如：

*那一年黄河决口，俺们全家七口人都逃荒去了，来到浙江嘉兴县，俺爹和俺给地主当长工，总算能有口饭吃。

*中旬的月光，把每个人的脸庞都照得清清楚楚。

第一句中的“去”和现代汉语中的另外一个动词“来”在使用时要特别注意立足点的问题，这段话后面分句的“来到浙江”，是以说话人说话时所处的浙江嘉兴县为立足点的，但是前面分句的“逃荒去”却是以逃荒前所住的地方为立足点的，所以应该去掉“去了”和后面的逗号。第二句中的“中旬”如果是阳历的话，月亮不一定就是明亮的，所以应该在“中旬”的前面加上“阴历”这个词。

当然在语言表达时，词的色彩意义如果使用不当，那也是不可以的。例如：

*这本学术著作肤浅易懂，受到学生一致好评。

*小明虽然生病了，但他仍然坚持每天晨读，这种持之以恒的精神，值得我们班所有同学效尤。

上面这两个例子中“肤浅”和“效尤”使用不当，这两个词都具有明显的贬义色彩，这与说话人想要表达的感情态度是相矛盾的，因此用在这里是不合适的，宜改为“浅显”和“学习”。

第三节　单义词和多义词

一、单义词

单义词，通俗地说就是仅有一个意义的词。这个意义对应于词所指称的单一的事物或现象。例如：

鸡　猪　藕　猫　氧　氯　汞

镭　诗　搓　熄　搀　瘸　熨

杧果　铅笔　电子　俄语　辅音

短语　黄河　嫩江　杂货　上海

电冰箱　语言观　格律诗　心电图

保龄球　词汇学　管弦乐　黄梅戏

由于单义词的意义数量是唯一的，因此在任何情况下，它的意义都是很明晰的，通常不会出现混淆的情况。在一种语言的词汇中，术语、专名的意义绝大多数都是单一的，是典型的单义词。另外，新词语也通常是单义的，这与这些词语指称的事物或现象刚刚出现有关。

一种语言中存在的单义词也不是一成不变的，在语言不断发展变化的过程中，有些只有一个意义的单义词有可能变成具有两个或两个以上意义的多义词。相反，有些具有多个意义的多义词，也可能出现某个意义消失的情况，进而变为单义词。

二、多义词

（一）多义词的界定

多义词是指一个词具有两个或两个以上具有关联的意义。例如：

待机：❶等待时机。

❷（手机等）处于等待工作的状态。

“待机”这个词在现代汉语中有两个不一样的意义，这两个意义虽然不同，但是它们却是有联系的，都有“等待”的意思，所以“待机”是一个多义词。又如：

禁区：❶禁止一般人进入的地区。
❷因其中动植物或地面情况在科学或经济方面有特殊价值而受到特别保护的地区。
❸医学上因容易发生危险而禁止动手术或针灸的部位。
❹在某些球类比赛中，罚球区以内的地区。

“禁区”这个词在现代汉语中有四个不一样的意义，这四个意义虽然不同，但它们仍然是有一定联系的，都有“禁止进入或受保护的地方”的意思，因此“禁区”也是一个多义词。再举一个例子：

软化：❶（物体）由硬变软。
❷（态度、意志）由坚定变成动摇；由倔强变成顺从。
❸使软化。
❹指用化学方法减少或除去水中钙、镁等的离子，使符合生产生活用水的要求。

“软化”这个词在现代汉语共时阶段也有四个意义，词典将其概括为四个义项，这四个义项都是动词性用法，也就是说从词性上来看它们都是动词。另外，从意义的联系上看，都具有“从硬变软”的意思，有的使用的是软硬的基本意义，有的则是软硬的引申意义。不管这四个意义之间有何不同，它们都是在意义上有一定关联的，所以“软化”也是一个具有四个义项的多义词。

一个词产生之初一般都是单义词，随着社会的发展、时代的变化，语言在这个过程中也会发展变化，表现在词的意义上就是在原来单一意义的基础上常常会发展出多个意义，最终发展到现代汉语阶段就由单义词变成了多义词。因此，在世界各语言中，越是历史悠久的词语，越容易变成多义词。汉语也不例外。与世界其他语言相比，汉语的历史是非常悠久的，所以其多义词也就十分丰富，尤其是产生较早的单音词，很大一部分都变成了多义词。即使到了现代汉语阶段，随着时代和社会的快速发展，词由单义变为多义仍是词义发展的主要模式，而且在语言交际中也积极地发挥着作用。

（二）多义词的产生途径

一个词在产生之初往往是具有单一意义的，在语言的发展变化过程当中，有些词的意义会不断增加，这样就由原来的单义词逐渐变成了多义词。造成多义词意义不断产生的原因有很多种，但是其中最主要的是与使用语言的社会成员思维能力的不断提高和对事物或现象认识的不断加深有关。人们生活于某个社会时代中，不断地去接触和认识各种各样的客观事物或现象，就自然会在不同的事物或现象中发现、总结、概括它们的共同属性和特征，同时注意到它们之间存在的内部联系，所以也就会用表示 A 事物的词去表示 B 事物，这样就造成了词的意义的发展变化，由少到多，词的意义也就增多了。例如，“引子”这个词原来的意义是“南曲、北曲的套曲中的第一支曲子”，后来人们感觉到“引起正文的话或启发别人发言的话”，就和“引子”的作用相似，于是就使用“引子”这个词表示上面的意义内容，在语言中会出现如“这一段话是下文的引子”“我简单说几句做个引子”等句子，这样就使得“引子”这个词又增加了一个新的义项，原来单义的“引子”就变成了多义词。

人们的不同认识会在多义词意义的产生上有所反映，概括起来就是形成多义词的各种不同的方法与手段。最常见的是引申法、比喻法、借代法三种。

1. 引申法

引申法指的是通过推演发展、联想引申的方式，使得一个词在原有意义的基础上，产生新的意义的方法和手段。例如：

打：❶用手或器具撞击物体：打鼓。
❷器皿、蛋类等因撞击而破碎：碗打了。
❸殴打；攻打：打人。
❹与人发生交涉的行为：打官司。

在“打”的上面四个义项中，第一个义项是原义，第二、三、四个义项都是根据“打”原来的“撞击”的意思，推衍发展、联想引申出来的。撞击可能会造成破碎的结果，就有了义项❷；由于撞击的对象可能会受到伤害，撞击的动作就可以进一步引申出殴打、攻打的意思，就有了义项❸；由撞击这种动作行为还可以继续引申出与人发生交涉的行为，就有了义项❹。根据这样的联想，经过推演发展的过程，“打”的几个新的义项也就产生了。

2. 比喻法

比喻法指的是在原有意义的基础上，依据不同事物之间的相似点，通过比喻这种方式而产生新的意义的方法和手段。例如：

梳理：❶用梳子整理（须、发等）：梳头发。
❷比喻对事物进行归类、分析，使有条理：梳理思路。

用梳子整理须、发等，会使须、发等顺通，而对事物进行分类、分析，也能使事物有条理，二者之间有着某种相似的地方，根据这个相似点，用比喻的方式就产生出了“梳理”的新义项。

3. 借代法

借代法指的是在原有意义的基础上，根据不同事物之间的相关性，通过借代这种方式产生新的意义的方法和手段。例如：

门房：❶大门口看门用的房子。
❷看门的人。

在“门房”的两个义项中，第一个义项“大门口看门用的房子”是其原本的义项，第二个义项“看门的人”的意义既不是从第一个义项通过一般推衍而来的，也不是以第一个义项作为喻体以比喻的方式产生出来的，它是一种借代。具体说就是以物代人，借用“房子”来指“看门的人”而产生出了新的义项。

由引申法产生的意义，称为引申义；由比喻法产生的意义，称为比喻义；由借代法产生的意义，称为借代义：三者可以统称为转义。在语言使用中，使用有形象性的转义，能够使语言表达生动，富有形象色彩。

在语言运用中，使用多义词时，需要注意语言环境能否使多义词变成单义的理解。如果语言环境不能把多义词的多种意义排除，不能留下唯一意义的理解，那么就会造成语言表达的歧义，也就是既能这样理解，又能那样理解。倘若语言运用中出现这种情况，就不能准确地把自己想要表达的意思传递给对方，也就不能顺利地完成语言交际的任务。例如：

请你送自行车给他的妈妈。

我叫他去。

第一句可以理解为把自行车送到他的妈妈那里去，也可以理解为将自行车赠送给他的妈妈。该句有两种理解的原因是“送”是一个多义词，有“传递”和“赠送”两个词义，在这句话中，这两个意义都是适用的，所以就会造成歧解。正常的语言表达，要求一个词只能有一种理解，也就是说，在具体的语境中，一个词只有一个意义能发挥作用。如果想表达“传递”的意思，就要把原句改为“请你把自行车给他的妈妈送去”；如果想表达“赠送”的意思，可以把原句改为“请你把自行车赠送给他的妈妈”。第二句也可以有两种理解：我派他去或者我喊他去。“叫”这个词有“让、派”和“喊、唤”两个意义，这两个词义在这句话中都适用，所以会造成歧义。如果要表达“让、派”的意思，那就直接说成“我派他去”；

如果表达的是“喊、唤”的意思，就说成“我喊他去”。

在现代汉语中，还存在这样的多义词，它的某个意义需要特定的搭配对象，也就是说只有在与某个特定的词搭配时，其意义才能得以显现。例如，“黑”这个多义词只有在与“窝点、社会、户口”等词语搭配时，其意义才是“隐秘的；非法的”。

（三）多义词和同音词的区分

在正确地理解和运用多义词时，我们还要注意把它和同音词区别开来，特别是把它同语音形式和书写形式完全相同的“同形同音词”相区别。多义词是一个词具有几个不同的意义，这些意义之间具有某种联系，而同音词却是语音形式相同的几个不同的词，不同的词具有不同的意义，这些意义则是没有联系的。例如“打”这个词，除了具有“用手或器具撞击物体”（如说“打门、打鼓”）的意义之外，还有“器皿、蛋类等因撞击而破碎”（如说“碗打了、鸡飞蛋打”）、“殴打、攻击”（如说“打人、打架”）的意义，它们同“撞击物体”这个意义存在着联系，都有“撞击”的意义要素，能让我们感觉到三个意义彼此有关联。因此，不能认为这三种意义的“打”是三个词，而应是同一个词，一个多义词。但是，同样发音、同样写法的“打”，又可以是介词“从”的意义，如说“打这儿往西、打今儿起”，这个意义同“打”的上述三个意义并没有联系或没有现实性的联系。作为介词、具有“从”的意义的“打”同具有“用手或器具撞击物体”“器皿、蛋类等因撞击而破碎”“殴打、攻打”等意义的“打”，就不能看作同一个词，它们只是语音形式和书写形式完全相同的同形同音词，这两个词的两个意义之间是没有联系的。又如：

花（huā） 种子植物的有性繁殖器官，由花瓣、花萼、花托、花蕊组成，有各种颜色，有的很艳丽，有香味。	花（huā） 用；耗费。
净（jìng） 清洁；干净：脸要洗净 没有剩余：水没喝净	净（jìng） 戏曲角色行当，扮演性格刚烈或粗暴的男性人物。

语音形式相同、书写形式不同的异形同音词，如“一”和“衣”、“同”和“铜”、“公示”和“公式”等，这些词与多义词的区别还是很明显的。

如果是在特定的言语会话中使用同音词，不管是同形同音词还是异形同音词，一般都不会出现歧义的理解。但是如果是在书面上使用同形同音词，就一定要注意上下文语境对同音词不同意义的排除，这与多义词的使用要求是一样的。同样，异形同音词出现于书面表达中，也要明确其词义所指，不然就会造成构成语素的误写，从而把甲词写成与之同音而字形不同的乙词，如把“音译”误写为“音义”，把“公式”误写为“公事”，甚至所有语素都误写，如把“适时”误写为“事实”，把“刚才”误写为“钢材”。如果出现上面的误写，就会造成语义的混淆，从而影响正确意义的理解。

在语言使用中，为了在表达上更加幽默、生动、含蓄，或者表达更加复杂的意思，加深寓意，使人印象深刻，我们会使用多义词或同音词形成修辞上的“双关”手法，也就是故意让一句话同时产生两种以上的理解。这是一种积极的语言使用情况，并不是消极的错误使用。例如：

> 现在，故乡的春天又在这异地的空中了，既给我久经逝去的儿时的回忆，而一并也带着无可把握的悲哀。我倒不如躲到肃杀的严冬中去罢，——但是，四面又明明是严冬，正给我非常的寒威和冷气。
>
> （鲁迅《风筝》）

上例中的“寒威”和“冷气”，从字面理解是指作者所处的严冬给人带来的寒冷和迎面吹来的冷气，但实际上，当时已经是春天了，作者在这里是要表达保守的社会给人带来的寒冷感觉。作者言在此而意在彼，一语双关，隐晦地表达出对所处社会的不满，对当时的社会状况进行了无情的揭露和批判。

现代汉语中有很多歇后语也是通过词的多义造成的双关而形成的，如“大雨天上房——找漏洞”“驴拉磨子——上了圈套”等，在这些歇后语中同时出现了本义和转义，这样的表达就更加生动活泼，让人印象深刻。

由此可见，在语言运用中双关确实具有特殊的表达作用，是一种积极的修辞现象。但是，双关的使用却要受到一定的限制，要符合语言使用的环境，不能为了双关而双关，过多使用双关反而会造成理解的负担，从而影响语言的表达效果。

第四节 词义的演变

汉语经历了数千年的发展和变化，很多词古今的意义大不相同，这就形成了词义的演变。词义演变的现象比较复杂，主要有词义的扩大、缩小和转移三种方式。在讨论词义演变的时候有三个概念比较重要：义素、中心义素和限定义素。所谓义素，它是构成词义的最小意义单位，即词义的区别特征。而在说明词义时又有中心义素和限定义素之分。中心义素是指处于词语中心位置的义素，位于修饰语之后，受修饰语的修饰、限制和说明，而限定义素则是用来修饰、限制和说明中心义素的。下面我们分别来看词义演变的三种方式。

一、词义的扩大

中心义素不变，限定义素减少，就是词义的扩大。例如“响”，原来表示“回声”的意思，它的中心义素是“声音”，限定义素是“返回的”，去掉限定义素，只剩下中心义素，就变成后代的“响”的意义，指任何声音。这时，“响”的词义就扩大了。词义的扩大从本质上来看，是因为词义所对应的客观事物的范围经历了从小到大的变化过程。这时，最初表示种概念的词义发展变化成了表示类概念的词义。在词的意义扩大之后，原本的词义内容就成为扩大了的词义所表示的范围内容，换句话说，扩大后表示的类概念意义包括原本表示种概念的意义，这时原来的词义与扩大了的新的词义之间就形成了一种类属关系。例如，“江”和“河”这两个词原来是专指长江和黄河的，现在却变成了所有的江和河的通称。显而易见，“江和河的通称”表示的是类概念，概括了所有的江河，而原来的意义“长江”和“黄河”就变成了种概念，并且被包括在“江和河的通称”这个类概念的范围之内，新义与原义之间构成了类属关系。

通过观察语言事实，我们发现，一种语言的词汇中还存在这种情况，在词的意义扩大之后，虽然原来的意义不可以作为词的一个单独的义项存在于语言运用中，但这个意义却变成语素的意义存在于复合词中，或者存在于成语或其他惯常使用的文言格式中。所以，这个义项在词典中还是会被列出来的，这样通过这个义项的解释，我们就可以了解词的古义。例如，《现代汉语词典》（第7版）对“江”和“琴”等词的释义就是这样的。

词义的演变是复杂且微妙的，它会因各种不同的原因而体现出很多细致的差别，词义的扩大也是如此。因此在符合上述条件的基础上，词义的扩大还可以分为两种相异的情形。

一种情况是客观事物本身并没有发生变化，但因为人们认识的加深和语言使用习惯的变化，词义出现扩大的改变。例如，“肉”这个词，原义是“鸟兽之肉”的意思，“人的肉”在古代汉语中是用“肌”这个词表示的。关于二者的区别，段玉裁的《说文解字注》中有过明确的解释：“人曰肌，鸟兽曰肉，此其分别也。”但是随着语言的发展，后来“肉”的词义扩大了，所有动物的肌肉都被称为“肉”，“鸟兽之肉”也就属于“肉”的意义范围了，“鸟兽之肉”和“肉”在概念上形成了一种类属关系，“肉”单独使用的时候，就不再仅仅表示

“鸟兽之肉”的意义了。“肉”的词义发展变化集中说明了词义扩大这一词义演变现象。分析引起这种演变的原因，我们发现主要是因为人们对客观世界认识的加深和语言使用习惯的改变。由于“鸟兽的肉”“人的肉”以及“所有动物的肉”都是早就已经客观存在的事实，它们自身并没有发生什么变化，只是由于人们在具体的语言交际过程中，认识的不断发展变化使得指称这些客观事物的名称发生了不同的变化，也就导致词所表示的意义范围最终扩大了。类似这种情况在汉语词汇演变中是很常见的。例如：

红：原义只指“粉红”，扩大后的新义则变成了“红色的通称”。

皮：原义是指“兽的皮”，扩大后的新义则指“人或一切生物的皮”。

双：原义是“两只鸟称‘双’”，扩大后的新义用来指称所有“成对的”。

睡：原义只指“坐着打瞌睡”，扩大后的新义则成了“睡眠的通称”。

洗：原义只指“洗脚”，扩大后的新义则成了“洗涤的通称”。

牙：原义只指口腔后部的“槽牙”，扩大后的新义则成了“牙的通称”。

杂：原义是“多种颜色混在一起”，扩大后的新义则指“多种多样的东西相混”。

灾：原义只指“自然发生的火灾”，扩大后的新义则可以泛指“一切的灾难”。

另一种情况则是由于词义所指称的客观事物本身发生了变化，人们的认识也就随着客观事物的变化而变化，这样就造成了词义的扩大。属于这种词义演变的词，常常都是原本表示某种具体事物的词，词义对应的是这个具体事物的概念，可是随着时代和社会的不断发展变化，与之属于相同类别的事物逐渐增多。使用这种语言的社会成员需要区别这些同属于一类而本身又不同的事物，这时人们就可能使用各种不同的词来指称它们，当然这其中也包括最初的那个具体事物。就这样，原来的词就成为概括指称整类事物的名称。在这个过程中，词义的扩大就实现了。换句话说，因为属于同一类别的事物不断出现，形成同类关系的种概念也就出现了，并且数量逐渐增多，这个词最初表示的内容也变成这些种概念之一，同时也得到了新的名称来指称它，但原来的这个词却变成指称类概念的词了，这时词所指称的范围也随之扩大了，词义也就发生了扩大的变化。这种情况的词义扩大的词在汉语中也是很常见的。例如，“灯”这个词原来的意义只是“油灯”，可是后来随着社会的不断发展，出现了各种各样的“灯”，这时汉语中“灯”最初指称的事物就用新词“油灯”表示了。与此种情况相同，语言中也不断出现很多与“灯”属于同类关系的新词，如“电灯、红绿灯、日光灯、探照灯”等。原来汉语中的“灯”这个词就变成了各种各样的“灯”的总称，用于表示这些“灯”所共同从属的类概念，于是“灯”的词义就扩大了。以下的例词就属于这种情况：

布：原义只指“麻布”，现在却成为用棉、麻等织成的一切布的通称。

炮：原义是指“古时一种以机发石的攻城武器”，现在却成了迫击炮、榴弹炮、高射炮等各种炮的通称。

枪：原义是指“古时一种尖头有柄的刺击兵器”，现在却成了红缨枪、手枪、步枪、机关枪等各种枪的通称。

琴：原义是指“一种狭长形的，琴面有七条弦的，用手弹奏的古乐器”，现在却成了“风琴、钢琴、提琴、口琴、电子琴”等一类乐器的通称。

通过上面两种情况的举例分析，我们可以发现，造成词义扩大的原因是不同的，但是从词义扩大这种词义演变现象整体来看，它们却都有相同的一点，那就是它们都是发生在同一个词的同一意义范围之内的发展变化，即都是从表示种概念的词义逐渐发展为表示类概念的词义。词的意义发生了扩大之后，原来的意义就被包含在新的意义范围内，同时不再是独立的义项了。通常的情况是，词原来的意义都会有新的名称来表示，也就是会有新词表示原来的意义。当然我们也会看到，语言中存在极少数的词，当它们的词义扩大之后，词的新义和原义并没有形成类属关系，同时在新义形成之后，原义就可能在语言中逐渐消失了，如“脸”这个词就是这样：“脸”的原义是指“面部眼睛下面的部分”，而扩大后的新义则是指“整个面部”，随着这个新义的使用，它的原义“面部眼睛下面的部分”在今天已经消失了。

二、词义的缩小

中心义素不变，限定义素增加，就是词义的缩小。例如

“宫”，先秦时期用来指一般房屋，后来增加了限定义素“帝王居住的”，它就变成了“未央宫”和“甘泉宫”中的“宫”。这时“宫”的词义就缩小了。与词义的扩大相反，词义的缩小就是某些词的意义原来表示的是类概念，但是到后来演变成表示种概念，词义所概括的范围相应地缩小了。词的意义缩小之后，这个词原来表示的类概念，则需要由新的词语来表示，这个后产生的新词语所表示的意义和经过缩小演变的词义仍然形成类属关系。例如“金”这个词，原来的词义是“指一切金属”，后来随着语言的发展变化，词义缩小之后，只是用来指称“黄金”这一种金属了，那么它原来的“指一切金属”的意义则是用后产生的新词“金属”来表示了，并且“金属”和“金”这两个词所指称的事物在概念上形成了类属关系。在语言的发展过程中，属于这种情况的词义演变也是比较常见的。例如：

臭：原义指“一切的气味”，现在专指“坏味”。

坟：原义可以指“一切高大的土堆”，现在却专指“坟墓”。

勾当：原义可以指“各种事情”，现在专指“坏事情”。

事故：原义是指“各种事情”，现在专指“在生产上或工作上出现的意外的损失或灾祸”。

瓦：原义是指“一切用土烧制成的器皿”，现在只指“用土烧制成的用来铺盖屋顶的建筑材料”。

丈人：原义是“老年男子的通称”，现在却专指“岳父”。

词义的缩小体现了词义逐渐走向精密的客观事实。之所以会出现这种情况，其原因与词的原有意义比较概括、比较笼统有关。随着社会的不断发展，人们对客观世界的认识也不断深入，为了达到更加细致区分客观事物或现象的目的，人们就要不间断地创造出新词和新语。经过使用该语言的社会成员的约定俗成，原来比较概括、笼统的泛指意义，会演变成用来指称某一事物的特指意义，这样的结果就造成了词义的缩小。

词的意义缩小以后，由于它所指称的事物的范围也变小了，因而这些词原来的意义，除了在某些固定的语言形式中还有所保留外，通常情况下，都不会继续用来指称该词最先所指称的事物了。

三、词义的转移

保留原有的若干义素，但中心义素改变，就是词义的转移。例如，“兵”这个词的词义由古义发展为今义，它的“武器”这一义素一直保留着，但今义的中心义素已由“武器”变为了“人”，所以这是词义的转移。也就是说，在词的原有形式保持不变的情况下，词所表示的旧概念，不管是内涵还是外延，都完全被新概念所代替，即词义的所指发生了转移。如果一个词的词义发生转移演变之后，这个词就不会再继续用来指称最初的旧事物了，也就不再表示原有的旧概念了。例如“走”这个词，先秦时是“跑”的意思，在现代汉语中却是“行走”的意思，这就是词义转移演变的结果。其他还有：

斤：原指“斧子一类的工具”，现在则指“十两为一斤，是重量单位”。

精：原指“上等的细米”，现在则指“经过提炼或挑选的”，有“精华”和“完美”之义。

钱：原指“一种农具”，现在则指“钱币”。

权：原指“秤锤”，现指“权利”。

事：原指“官吏”，现指“事情”。

书记：原指“秘书”，现在则指“党团组织的负责人”。

行李：原指“两国往来的使者”，现在则指“出门时所带的包裹、箱子等”。

从语言的发展看，造成词义转移的原因也是比较复杂的。根据目前掌握的情况来看，之所以能够发生词义的转移，其主要原因还是词的意义逐渐发展、不断变化的结果。例如，“年”原来是“谷熟”的意思，后来引申演变出的新义是“年月”的“年”的意思，而在语言发展过程中，它原来“谷熟”的意义不再被社会成员所使用，就逐渐消失了，这样经过一段时间的沉淀之后便出现了“年”的词义逐渐转移的情况。另外，语言使用中存在的假借现象，同样会造成词义转移。例如，“密”原来的意义是指“一种山”，后来这个词出现了假借义，表示“精密”的意思，再后来在语言使用的过程中，“密”原来指“一种山”的意义消失了，而“精密”这个假借义却被大家普遍用起来，最终完成了“密”这个词的词义转移。需要说明的是，现代汉语中表示“精密”意思的“密”已经很少独立使用了，它已经逐渐由词义降级为语素义了。

第三章　同义词及其运用

第一节　什么是同义词

一、同义词的类型

在语言的实际运用中，我们会经常遇到两个词的声音是不同的，但其意义却是相同或相近的情况，这就是我们通常所说的同义词。同义词在表达上能够发挥很大的作用，在使用上却不容易被掌握，这在词汇的学习过程中尤其需要引起语言使用者的注意。

首先看下面的例子：

（甲）互相—相互	（乙）坚决—坚定
忌妒—妒忌	愤怒—愤慨
眉毛—眼眉	愉快—高兴
衣服—衣裳	勇敢—英勇
灯泡—电灯泡	优良—优秀—优异

属于甲类的一组词，无论从哪个方面来看，它们的意义都是相同的，在语言表达中一般都可以互换使用，我们把这类同义词称作等义词。等义词在一种语言的词汇里数量是比较少的。

等义词的意义是相同的，它们在语言交际中所起到的作用也是一样的，所以在具体的语言运用中，等义词是可以互换使用的。比如，把“他买了两件衣服”说成“他买了两件衣裳”，把“请你不要忌妒他”，说成“请你不要妒忌他”，意义都是一样的。恰恰因为等义词在语言交际中体现出相同的作用，所以在共时的语言中不需要它们同时存在。而在语言的具体运用中，就会出现等义词的选择问题，如果语言社会成员选择了A，那么与之等义的B就要舍弃掉，或者在语义上产生分化，发展出其他的意义。

在经过社会的约定俗成后，等义词的发展通常体现出以下两种情形。一种情形是人们在语言使用过程中，选择其中的一个逐渐稳固下来，而其他的则被淘汰了。例如，“语法”和“文法”原来是一组等义词，但是在语言的使用过程中，更多的人选择使用“语法”，它的使用频率要远远高于“文法”，自然“语法”就被保留下来了，而“文法”则被逐渐淘汰了，目前已经不再使用它表示“语言法则”的意思了。又如，在“灯泡”和“电灯泡”、“冰箱”和“电冰箱”之间，更多人会选择使用“灯泡”和“冰箱”，它们的使用频率要远远高于“电灯泡”和“电冰箱”。另一种情形是，有一些少数的等义词，在一段时间的语言运用过程中，意义逐渐分化，这样就由原来的等义词成为现在的具有不同意义的非等义词了。例如，“健康”和“康健”在语言发展的某个阶段是一组等义词，都有“（人体）发育良好，机能正常，有健全的心理和社会适应能力”的意思。但是“健康”后来逐渐发展变化为一个多义词，除了上面的意义外，还有“（事物）情况正常，没有缺陷”的意思，这样“健康”和“康健”这两个词在意义上就有了区别。这些意义最终都被保留下来了，而且凭借各自不同的意义特点在人们的语言使用中继续发挥着作用。

等义词是一种语言中客观存在的事实。等义词这种语言现象普遍存在于任何民族、任何时代的语言中，原因在于某种语言的社会成员可以从不同的角度来进行词的创造，这样就会造成语言中不断地出现各种各样的等义词。例如，日常生活中的一种两个轮子的交通工具，有的人从它可以半自动前进这个角度出发，把它叫作“自行车”，而有的人则把重点放在了交通工具的动力来源上，于是又把它称作“脚踏车”。不同的人基于不同的出发点创造了同指一个事物的不同的词，这就使得“自行车”和“脚踏车”构成了一组等义词。从这两个词产生之后在普通话中的使用情况上看，很明显，“自行车”被大家普遍使用，而“脚踏车”则被逐渐淘汰下去了——目前只在少数方言区使用。

随着社会的发展、语言的运用，等义词会不断地出现，也就是说语言中存在等义词具有必然性。而等义词的存在从某种程度上说并不是语言的积极因素，尤其在语言的使用中。所以，等义词是语言规范的主要对象，它或者会被保留，或者会被淘汰，或者会产生出新义。这也正是等义词发展演变的规律。

我们再来看乙类词。“坚决—坚定”这组词，二者都可以表示“拿定主意、不为外力所动摇”的意义，可是它们在词义和使用上却有比较细微的区别。“坚决”这个词从表义上看侧重于态度的果决，和“犹豫”形成反义关系；“坚定”则侧重于立场的稳固，与“动摇”构成反义关系。所以，“坚决”通常用在指行动、态度上，而“坚定”则通常用在立场、意志上。通过这类同义词的比较，我们发现它们的意义并不是完全相同的，所以有的人将其称作近义词。而在语言运用中，通常所说的同义词主要指的就是这类近义词，它们普遍存在于一种语言的词汇中，对于语言表达和运用来说发挥着很重要的作用。所以，在使用中我们必须要深入辨别其细微的区别，避免误用。“优异”“优秀”和“优良”这三个词是一组近义词，它们的共同点体现在“优”这个字上，也就是说三者都有“好”的意思。可是对三者进行细致比较就会发现，三个词在“好”的程度上是有区别的：“优异”是“特别好”的意思，“优秀”是“非常好”的意思，而“优良”则是“很好”的意思。由此可见，三者的区别在于“好”的程度不同。

在辨别同义词时，我们要以同义词的义项作为主要的依据，只要有一个重要的义项是相同的，那么就可以看成是一组同义词。例如“骄傲”这个词，在两个主要义项上分别构成不同组的同义词。在“引以为荣”这个义项上，可以和“自豪”构成一组同义词，在“自高自大”这个义项上，则和“自豪”没有意义的相关性，而和“自满”形成一组同义词。

在实际的语言运用中，有时所指的事物或现象是相同的，但是却未必能形成一组同义词。这是因为，在具体的语言表达中，为了达到修辞的目的，增强语言的表达效果，体现语言的丰富性和灵活性，通常会临时选择运用和所要表达的事物或现象相关的词语来代替所要表达的事物或现象，这样二者在该语境中便临时构成了同义关系，也就是二者所指临时一致，但在这个特殊的语言环境之外，二者就不具有同义关系，那么它们就不是同义词。例如：

> 妈妈双眼充满泪水，轻轻地对小美说："我死了以后，你作为姐姐一定要照顾好弟弟和妹妹。大的要知道关心和照顾小的。"然后又对小军和小丽说："你们也要知道心疼姐姐，这样妈妈才能放心。"

上例中"姐姐"和妈妈所说的"大的"所指的是同一个人，"你们""弟弟和妹妹"和"小的"这三组词语所指的人也是相同的，但"大的"和"小的"是"的"字短语，不是词，"弟弟和妹妹"是联合短语，也不是词。一组同义词要求所有的单位都是词，有的是词，有的是短语，便不能构成同义词。另外，上述同义关系是在那个对话的语境中临时形成的，离开那个语境，它们的同义关系就消失了。

二、同义词的差别

具有同义关系的一组同义词的差别，主要表现在这组词词义上大部分是相同的，只在某一方面的细微之处不同，也就是人们常说的"大同小异"。具体来看，就是一组同义词的义项中，主要内容是相同的，但是在次要内容上有微小的不同。例如"愉快—高兴"这组同义词，它们的词义的主要内容都有"舒畅"，但是继续比较会发现，它们在表示"舒畅"的程度上是有差别的。在同义词中，这种细微的差别，即同义词的"小异"，才是我们应该关注的重点。如果我们能够准确地区分这些"小异"，那么在语言运用中就可以恰当地运用它们，从而更加准确地表达自己的思想和情感态度，这样才可以适应不同语体风格的表达需要。当然，如果我们不了解这些细微的差别，自然就不能恰当地运用这些意思相似的同义词，也就会出现词不达意的情况，从而影响语言交际的顺利进行。因此，我们应该把学习和掌握同义词的重点落在认真细致辨别一组同义词的“小异”上。

根据词义的两种分类，一组同义词的区别也主要表现在理性意义和色彩意义两个方面。

（一）理性意义的差别

1. 词义的轻重不同

这是说具有同义关系的一组同义词在表义上有轻重强弱之分。例如，前文提到的“优异”“优秀”和“优良”这组同义词，它们都有“好”的意思，但是“优异”表示的“好”是“最好、特别好”，“优秀”表示的“好”是“非常好”，而“优良”则是“很好”。把三个同义词的词义放在一起比较，“优良”表示“好”的词义程度在三者中是最轻的，“优秀”比“优良”表示“好”的程度要重一些，而“优异”的词义与前两者相比则是程度最重的，因此三个词在表义上的轻重程度是不同的。又如，“诽谤”和“毁谤”这两个词都指“无中生有，说别人的坏话”，但是“毁谤”与“诽谤”相比，又有“毁掉”的意思，因此“毁谤”的词义程度要比“诽谤”的词义程度重。词义程度轻重强弱有别的一组同义词，在具体语言运用中是不可以互相替换使用的。再如，“失望”和“绝望”都能够表示“失去信心，没有希望”的意思，但是“绝望”的词义轻重程度明显比“失望”重。“精确”和“准确”、

"讥笑"和"嘲笑"、"惩罚"和"处罚"、"违反"和"违背"等，这几组词从词义的轻重程度上看前者都要比后者重。

2. 范围的大小不同

这是说一组同义词中几个词的词义，在指称的范围上有大小不同的区别。例如，"边疆"和"边境"是一组同义词，二者有"远离内地，靠近国境的地区"的意思，但是它们词义指称的范围却有差别。"边疆"的词义是"靠近边界的领土"，从范围上来看比较大；而"边境"的词义则是"靠边界的地方"，其范围与"边疆"比要小。又如，"家属"和"家族"是一组同义词，它们都可以指"一家中的人"，但"家属"指的只是"某个人的家庭成员"，指称的范围比较小；"家族"指的却是"同一姓氏的、有血缘关系的可以包括几个分支的几辈人"，所以它的指称范围比"家属"要大得多。再如，"过程"和"历程"这组同义词都有"经过的程序"的意思，但是"过程"的词义是"泛指一切事情进行或事物发展所经过的程序"，它的意义范围是比较大的；而"历程"的词义是"专指人们经历的较长的不平凡的过程"，它的词义范围与"过程"相比就比较小了。"性质"和"品质"、"局面"和"场面"、"战争"和"战役"等这几组同义词中，前者的词义所指范围都要大于后者。因为词义指称的范围大小存在不同，所以这种同义词在同一语境中也是不能替换使用的。

3. 词义的侧重点不同

这是说一组同义词中的几个词义，在强调的方面上存在差异。例如，"辨别"和"鉴别"都表示"根据事物的不同特点，在认识上加以区别"的意义，但"辨别"侧重于把事物区分开，而“鉴别”则侧重于辨别真伪或好坏。又如，“沉重”和“繁重”都有“分量重”的意思，但“沉重”主要指精神或思想负担方面重，而“繁重”则指因任务或工作的量大而感到重。再如，“斥责”和“叱责”这组同义词都有“用严厉的语言指责别人的错误或罪行”的意思，但“斥责”的意义侧重于严厉指责，而“叱责”的意义则侧重于大声呵斥，强调声音大。复如，“犹疑”和“迟疑”都指拿不定主意，但是“迟疑”强调拿不定主意在时间上的表现。这类同义词从数量上来看是比较多的，它们大多包含一个相同的词素，并且从词性上看多数是形容词或动词。例如：

胆小—胆怯　明显—显著　极力—竭力
含糊—含混　胆略—胆量　揭露—揭穿
稀疏—稀落　范例—典范　狡辩—诡辩
勇敢—英勇　领会—领悟　请求—恳求
优秀—优异　拉拢—笼络　目睹—目击

这类同义词能够十分准确细致地反映事物之间的细微差别。所以，这类同义词在具体语句中也是不能相互替换使用的。

4．搭配对象不同

这指的是同义词所配搭对象有所不同。例如，“整理”和“整顿”这组词，由于“整理”侧重于表示“把零散的东西搞得整齐有条理”的意义，因此它就可以和指具体事物的词相配搭，如“整理材料、整理文件、整理办公室”等，而“整顿”则侧重于表示“使紊乱的变得整齐，使不健全的健全起来”的意义，因此它常常跟表示抽象事物的词相配搭，如

“整顿文风、整顿队伍、整顿基层组织”等。又如，“交换”和“交流”这组同义词都有“把自己的东西给对方”的意思，但是它们所搭配的对象却是不同的。“交换”的搭配对象是“戒指、礼物、资料、产品”等，而“交流”的搭配对象则是“思想、经验、文化、物资”等。“交换”搭配对象的意义往往是比较具体的或者指称范围比较小的，而“交流”搭配对象的意义通常是比较抽象的或者指称范围比较大的。再如，“侵略”和“侵犯”这一组同义词，它们的共同点是都具有“非法侵入”的意思，但是“侵略”指侵入别国，掠夺干涉、奴役人民，手段是武力、政治干涉、经济和文化渗透等，搭配的对象通常是国家的主权、领土等，而“侵犯”则指侵入别国领域，非法干涉别人，损害其利益，搭配对象是权利、自由、领土、利益、个人等。

（二）色彩意义的差别

在语言中，词的色彩意义是非常丰富的，因此，由于色彩意义的不同而形成的同义词也纷繁多样。

1. 感情色彩不同

一组同义词的区别表现在感情色彩义的差别上，有的词具有褒义色彩，有的词则具有贬义色彩，有的却没有特定的感情色彩。例如，“成果—结果—后果”这三个同义词，都可以指“结局”，但是它们的感情色彩却不同，“成果”具有褒义色彩，是褒义词，“后果”具有贬义色彩，是贬义词，而“结果”则没有感情色彩。其他例如：

孩子—宝贝

松树—青松

行为—行径

老头儿—老头子—老大爷

老太太—老婆子—老大娘

这几组同义词都是由于感情色彩不同而形成的。显而易见，“宝贝”和“孩子”，在一定语言运用中都能够用来指称自己的孩子，但“宝贝”所附加的喜爱的感情色彩却要比“孩子”多；而“松树”和“青松”相比较，“青松”则更能体现说话人对“松树”的欣赏和赞美之情。“老头儿”这组同义词中的三个词都是在口语中使用的词，其口语语体色彩比较明显，通常情况下不体现褒贬的感情色彩。但是在语言的具体运用中，三者相比较，它们所附带的感情色彩还是有些差别的：“老大爷”这个词通常带有某种亲切的尊重的感情色彩，“老头儿”则多数情况下带有亲近的喜爱的感情色彩，而“老头子”有的时候却可以用来当作贬义的称呼，附带让人讨厌的感情色彩。因此，假如在类似“那个老头子真不像话”的表达中，通常都不会选择使用“老头儿”和“老大爷”这两个没有贬义色彩的词。

2．语体色彩不同

一组具有同义关系的同义词，有的表现为庄重典雅的书面语色彩，有的则表现为亲切通俗的口语色彩。例如，“祖父”和“爷爷”这组同义词，前者经常在庄重正式的场合使用，体现书面语色彩；后者经常在一般的非正式场合使用，体现口语色彩。又如：

奶奶—祖母　　见面—晤面
小气—吝啬　　好看—美丽
买—购买　　看—观看
飞—飞翔　　坐—乘坐

上面几组同义词中前者都是日常生活中经常使用的词，具有明显的口语色彩；而后者则多用在书面语和文艺作品中，有的时候在比较严肃的场合使用，所以它们多体现为书面语色彩。再如：

水银—汞　　胳膊—臂
盐—氯化钠　　蚂蚱—蝗虫
脑袋—头部　　土豆—马铃薯

上面几组同义词则体现了口语和科技术语语体的不同情况。显而易见，前者都有口语色彩，后者则体现为科技语体色彩。这样的同义词在具体语言运用中是不太适合互换使用的。

3. 形象色彩不同

同义词的区别还在于有无形象色彩的不同。例如：

白—雪白　　桂圆—龙眼
羡慕—眼馋　　抽油机—磕头机

很明显，上面的例子中，每组的前者都是没有形象色彩的词，而后者则都具有鲜明的形象色彩。这类同义词在语言应用中，一般是可以相互替换的，只是后者在表达上要显得更生动活泼些。

4. 时代色彩不同

一组产生于不同时代的同义词，其区别还在于体现了不同的时代色彩。例如：

学堂—学校　　火轮—轮船

洋火—火柴　　月台—站台

电脑—计算机　　盒子炮—驳壳枪

剧院—剧场—戏院

词的时代色彩是指词能够反映出某个时代的语言运用情况，词义上附带了能够体现时代特征的韵味。上面各组同义词，它们每组词的理性意义都是相同的，也就是所指的对象是一样的，但是因为每个词的产生的年代是不一样的，因此每个词的时代色彩就有差异。

不同时代色彩的一组同义词所反映的时代虽然各不相同，但是由于它们所反映的客观事物是相同的，因此使用其中不同的词，也可以反映出该事物的不同时代特点，甚至能够让人们了解不同社会发展阶段的历史情况。例如，“酒店”和“饭店”是具有不同时代色彩的一组同义词，在当下的社会生活中，我们通常更多地使用“酒店”这个名称来命名，而较少使用产生较早的“饭店”。但是在北京市，却有著名的“北京饭店”，通过这个名称我们就可以知道这家饭店不是最近这段时间才有的，它的名称传递出比较强的时代感。时代色彩不同的一组同义词，通常情况下，也是不能够互换使用的。

5. 地域色彩不同

同义词的区别在于词所具有的地域色彩是不同的。例如：

非常—贼　　多—老鼻子　　赌博—博彩

白薯—红薯—地瓜

玉米面—苞米面—棒子面

聊天儿—拉呱儿—唠嗑

不同的同义词，其地域色彩具体表现各有不同。有的地域色彩体现的是普通话和方言的不同，如“非常”和“贼”，作为一组同义词，“贼”具有东北方言色彩。有的则是不同地方色彩之间的差异，如“红薯”和“地瓜”。

以上各类同义词，它们在理性意义方面都是一样的，可是因为色彩意义是不同的，这样就导致它们在具体的语言运用中产生了区别。在通常情况下，对这些色彩不同的同义词，我们在运用中要注意辨别。因为在某些具体语言表达中，它们在表意功能上的不同还是很明显的，甚至在某些具体表达中，一组同义词中的几个词是不能够互换使用的。例如，“小明家的狗昨天死了，他很伤心”这个句子中的“死”就不能换成“去世”或“逝世”，而在“爸爸的胳膊不小心划了一个口子”中，“胳膊”就不能换成理性意义相同的“臂膀”。在我们日常的生活交际中，我们也不能使用“洋火、洋油”等带有明显时代色彩的词，而应该使用相应同义的“火柴、汽油”等同义词。

不能互换使用的同义词，如果用错了，轻则影响意义的准确表达，如把“优良的成绩”说成“优异的成绩”，重则造成语言表达上的混乱和错误，如把“整顿作风”说成“整理作风”。因此，认真细致地分辨和使用这些类型的同义词，的确是非常必要的。

第二节　同义词的作用

如果一种语言的词汇系统中同义词的数量越大，即同义词越丰富，那么使用该种语言的社会成员就越有可能精确、细致地进行思想表达。原因在于对于表示一种事物对象，同义词的存在保证了进行多种选择的可能性，同时还能体现出词汇表义的细微差别，在表达上呈现出不同的感情色彩和语体风格。

现代汉语的同义词体现出丰富性特征，表示相同的事物和概念，常常会有少到几个、多到十几个的同义词。我们之所以说现代汉语是一种发达的语言，标志之一就体现在同义词的丰富性上。在语言表达中，如果在掌握大量同义词的同时能够恰当地去运用它们，那么我们的语言表达就会变得既准确又生动，体现出较强的语言表现力。反之，如果同义词掌握的数量较少，在语言运用中只会使用有限的几个词语，那么我们的表达就会很枯燥乏味，同时在表义的准确性上也会大打折扣。在具体的语言使用中，一般来说，同义词具有精确语言表达、凸显表达色彩和加强语势的作用。

第一，精确语言表达。在语言运用中，同义词能够让语言表达更加精确、严密。如果我们能够选择使用恰当的同义词，那么我们想要表达的思想感情就会被十分贴切地表达出来。请看下面的几个例子：

> 现在的中国，社会主义市场经济体制已经初步建立，市场在资源配置中的基础作用显著增强，宏

观调控体系日趋完善；以公有制经济为主体、个体和私营等非公有制经济共同发展的格局基本形成。

（《人民日报》1996年）

这里用“显著”来修饰“增强”，而没有使用和“显著”意义相近的“明显”，不说成“明显增强”，这是语言使用者故意而为。由于“明显”不具有“显著”的肯定赞扬的褒义色彩，而在这里作者却是要用歌颂赞扬的态度来表明社会主义市场经济中市场在资源配置中发挥的作用，所以特意使用了“显著”这个词。假如用“明显”修饰“增强”，作者的意思就不能十分准确地表达出来。

还有那荟萃千余种宫廷民间药膳的中国首家药膳博物馆，以及由高级营养师精心烹制的古典药膳。

（《人民日报》1995年）

上例中的“精心”这个词，同“费心”构成一组同义词，都指很用心去做什么事情。可是如果不用“精心”修饰“烹制”，而换成“费心烹制”，就不能准确地表达出作者想要表达的意思。因为“费心”强调“付出心力”，“精心”则具有“精细地用心，周到地考虑”这样的意义。这里作者想要表达的不仅仅是“付出心力”，而是要突出高级营养师们在工作中的“精细”和“周到”。

第二，凸显表达色彩。在同义词中，有很多同义词都具有不同的色彩意义，所以在运用时，它们还具有表现话语特殊格调的作用，从而使表达形成不同的风格。例如：

新疆旅游资源极为丰富，有湖光山色、沃野千

里、大漠苍穹……　　　　（《人民日报》2000 年）

这个例句中的“苍穹”与“天空”的意思是相同的，但是作者并没有使用大家更熟悉的同义词“天空”，是有特殊用意的。“苍穹”具有非常明显的文艺语体色彩和形象色彩，“天空”则不具有这些色彩意义。这句话中作者使用“大漠苍穹”和“湖光山色”“沃野千里”这两个词语并列搭配，语体色彩是一致的，假如换成“大漠天空”就失去了原来的文体风格和意韵。

要求教育管理制度改革中，加大政府职能转变力度，简政放权，给学校下放更多的办学自主权，鼓励学校自主发展、特色发展，鼓励学校探索多样化的课程内容、教育方法、培养模式，以保障教育过程的差异性公平和学生培养制度的弹性。

（《人民日报》2003 年）

上例中的“探索”与“探求”具有同义关系，作者之所以在这里使用“探索”一词，也不是随便决定的。“探索”和“探求”都指寻求道理或答案的意思，但是“探索”还强调使用多种方法和手段去寻求答案，同时努力去解决问题，而“探求”则只侧重于求得答案。作者在这里是想要说明在教育管理制度改革的新形势下学校对教育教学所做的努力，因此用“探索”是更加恰切的。

你的容颜，你的精神，多少次打湿了我的双眼，多少次撩拨着我的心弦。　　（《人民日报》1996 年）

上例中的“撩拨”与“挑逗”是一组同义词，但是二者在感情色彩上是有区别的——“挑逗”具有明显的贬义色彩。这句话中作者用拟人的手法赞美长城的嘉峪关，假如换成“挑逗”这个词就不合适了。此外，“撩拨”这个词还具有明显的形象色彩，它与“打湿”一起来使用，能够增强表达的形象性和生动性。

第三，加强语势。同义词表示同一事物对象，却又有细微的差别，所以如果在语言表达中连用几个同义词，就可以把事物对象表现得更加丰富、全面，能够起到增强语势的表达作用。例如：

> 大凡这样的地方都是些狭谷深壑，风刮大雪，填得沟满壑平。（曲波《林海雪原》）

上例中“沟”与“壑”具有同义关系，“满”与“平”具有同义关系，两对同义词交叉连用，能够把林区大雪覆盖的景象描绘得淋漓尽致，从表达上起到增强语势的作用。

由于同义词的连用能够使得表义更加丰富、全面，因此可以利用这种连用的方式来构成表义鲜明细致的固定短语。例如：

推三阻四　撕心裂肺　吆五喝六　摇头摆尾
高谈阔论　豪言壮语　聚精会神　油腔滑调
三番五次　三年五载　眼疾手快　左邻右舍
繁荣昌盛　光明磊落　艰难困苦　铺张浪费

在语言表达中，选择使用上面这种四字的固定短语，可以发挥加重语气的作用，能够极大地增强语言的表现力。

第三节　辨析同义词的方法

在语言表达中，如果想要发挥同义词的上述表达作用，首先应该了解一组同义词都包括哪些成员。要想达成这样的愿望，最重要的做法是不断学习和积累。除此之外，就是要明确同义词之间的“同”和“异”，深入辨析它们的细微区别。

在辨析同义词的过程中，我们要学会一些有效的辨析方法。我们知道，词义是来自于语境的，是对语境概括的结果。那么我们辨析同义词，最好的方法就是考察同义词出现的所有类型的语言环境，认真概括它们出现的所有类型的上下文语境，在具体的语句中去辨析同义词。尽可能多地搜集一组同义词出现的语句，在此基础上再去进行替换。通常情况，如果两个词能够互相替换，那么证明它们具有相同的意义和用法，这也就体现了同义词中的相同部分；反之，如果它们不能够替换，那么说明它们是存在差异的，并不是等义词，而是近义词。下面我们就以“激励”和“鼓励”这组同义词为例，具体讲一下同义词辨析的方法和步骤。

第一步，我们要尽可能多地搜集分别包括“激励”和“鼓励”的语句。包含“激励”的语句如：

> 这一新规定对调动广大教师的积极性，发挥聪明才智都是一个很大的激励。
>
> 综合问卷中开放式调查和访谈结果显示：父母外出打工的学生都能够理解父母在外打工的艰辛，并以此作为激励自己好好学习的动力。

利用多上缴，多返还的分享机制，激励地方政府配合中央尽力征税，使中央政府获得稳定、充足的税收收入。

企业激励员工创造更多的价值。

自信的人有着积极的自我意识并能不断自我激励，战胜挫折，发挥自身潜力，创造成功人生。

正确的审美观在于净化学生心灵，激励学生热爱生活和追求美好事物。

第一代治理工具已经被主要包括激励、沟通工具以及契约的第二代治理工具取而代之。

包含“鼓励”的语句如：

国家组织和鼓励经济发达地区支援经济欠发达地区实施义务教育。

各高校应该鼓励大学英语教师提高自身的教学水平和创新能力。

一旦发现优秀青年，他都鼓励他们进清华研究院，研究中国学者一向忽略的问题。

在国内商品流通发展的基础上，政府实行鼓励通商的政策。

近年来俄罗斯政府采取了一系列的鼓励人口生育的政策。

以上我们只是列出了这组同义词出现的部分语句。在实际语言运用中，包含它们的句子还有很多，如果想要把所有的语句都搜集到，那是不可能的，但是我们要保证那些有代表性、典型的语句不能遗漏。搜集之后要对这些语句进行有效的归类，归纳它们各自有几个义项。在对有代表性的语句进行归类时，如果只用一个意义就能说清楚说明白，那么我们就归纳出一个义项，如果需要两个或两个以上的意义才能说清楚说明白，那么我们就相应地归纳出两个或两个以上的义项。

第二步，看看哪些语句可以互换使用，哪些语句不能互换使用，观察互换之后词义是否有区别。例如，上面第十个例子，“一旦发现优秀青年，他都鼓励他们进清华研究院”的“鼓励”不能替换为“激励”。而其他几个例子“鼓励”和“激励”看似可以互换使用，但是互换之后所表达的意义则不完全相同。

第三步，对各种能够互换的情况进行分类，并在此基础上概括它们的意义存在哪些不同。例如，“激励”和“鼓励”都有“发动，使人振作、奋进”的意思，它们的具体区别我们可以通过对比所搜集到的语句总结概括出来。通过比较，我们发现“激励”的施动者是精神、组织等抽象的概念，不能是具体的人；而“鼓励”的施动者则可以是具体的人。

第四节 同义词的运用

在具体使用同义词的过程中，不能区别同义词之间的细微差别，就会导致同义词使用得不合适，尤其是同义词中大量存在的近义词，如果使用不恰当，就会出现词不达意的用词问题。例如，本来想说“需要健康的投资环境”，却说成“需要健硕的投资环境”或“需要安康的投资环境”。“健康”

和“健硕”“安康”意义所指是有区别的，用来搭配的对象也是不同的，“健康”既可以用来指人体，也可以用来指事物，而“健硕”和“安康”则只能用来指人。上述这些同义词的错误使用，势必会影响语言的精确表达，甚至会造成对方的错误理解。因此，辨别清楚同义词，同时学会恰当地运用同义词，对于正确的语言表达来说是至关重要的。

在语言运用中，对于一组意义上“大同小异”的同义词，我们首先应该弄清楚它们在意义和用法上具体有哪些区别。如果不进行深入的思考、认真的辨析，就会忽视它们之间的细微差别，也就会造成同义词的使用不当。例如：

*我们学校的教室又宽广又明亮。

*刘强开展工作时不进行实地考察，也不和同事商量。他在工作中表现出来的办事果断的做法，受到了广大群众的批评。

*当事人有正当理由的，可以在开庭三日前乞求延期开庭。

*随着日本侵略的日趋深刻，中苏两国出于各自的国家战略需要，开始有解冻意向。

*宋庆龄死后，世界各国领导人、政党、友好人士和团体的唁电、唁函像雪片般飞来，还有不少国家和地区举行了吊唁活动。

第一句中，“宽广”这个词使用得不对。“宽广”和“宽敞”都有表示“面积大、范围广”的意思，但“宽广”所指的事物范围要比“宽敞”大得多，通常它的搭配对象是“田野、大地”等词语，同时它又有“开阔、广博”的意思，因此还可以和

“胸怀、眼界”等抽象的词语搭配；而“宽敞”的搭配对象则是“屋子、卧室、院子、棋牌室”等。这句话是想表达学校的教室面积比较大，应该使用“宽敞”来修饰。这句话出现语病的原因是没有搞清楚同义词的指称范围大小，这样自然也就混淆了两个词的搭配对象。第二句中“果断”这个词使用有误。“果断”的词义是“有决断，不犹豫”，从附加的色彩意义上看具有褒义色彩，是一个褒义词。但是根据上下文语境判断，原句想要说的是刘强这个人做事独断专行，带有批评否定的意思，而使用带有褒义色彩的“果断”是不合适的，应该改为表义相似但附有贬义色彩的“武断”。这句话出现表达错误的原因是没有区分同义词的不同感情色彩义。第三句中，很显然是“乞求”这个词使用得不恰当。“乞求”的意思是“苦苦哀求”，这句话是说当事人想要延期开庭，是对这件事的客观陈述，使用“乞求”则意义太重了，换成与它同义而语义较轻的“请求”才是最恰当的。这句话的错误在于不清楚同义词在意义上的轻重差别。第四句中的“深刻”这个词使用得不对。“深刻”和“深入”都有“深”的意思，但是二者的词性是不同的。它们都具有形容词的语法功能，但是“深入”是一个兼类词，除了可以作形容词外，还有动词的用法，也就是说“深入”的后面是可以出现宾语的，但是“深刻”却没有这样的用法。第五句的错误在于“死”这个词使用得不恰当。“死”和“逝世”作为同义词，它们的共同点是都具有“失去生命”的意思，二者的区别在于：“逝世”经常用在庄重的正式场合，而“死”却经常用在非正式的场合；“逝世”是具有书面语色彩的词，而“死”则是具有口语色彩的词。这句话是在陈述宋庆龄去世这件事，这里应该使用具有书面语语体色彩的“逝世”，而不应该使用具有口语语体色彩的“死”。

总之，想要运用好同义词，就一定要明确它们之间存在的细微差别，因为语言的准确性和表达力就体现在这些差别上。如果在使用中不加选择和辨析，仅凭个人的主观判断，忽视它们之间客观存在的这些差别，那一定会影响我们的语言表达。作为语言的使用者，我们要想准确地运用语言，就要认真辨别这些差别，避免在同义词运用时出现错误。

第四章　反义词及其运用

第一节　什么是反义词

一、反义词的性质

语言词汇中除了同义词之外，还存在着反义词。语言中的反义词，是事物的矛盾和对立在语言词汇上的一种反映。掌握大量的反义词，可以帮助我们运用语言去揭示事物的互相排斥、互相对立的矛盾现象。这里所说的“反义”，是指意义上的相反或相对。凡是具有这样的相反相对意义关系的词，就构成反义词。例如：

聪明—愚蠢　粗心—细心　高大—矮小

明白—糊涂　洁白—漆黑　美丽—丑陋

清楚—模糊　熟悉—陌生　温暖—寒冷

保护—破坏　开始—结束　喜欢—讨厌

反义词的矛盾对立，主要体现在词义所对应的概念上。当我们确定两个词是具有反义关系的反义词时，首先要明确这两个词具有共同的上位概念，这个共同的上位概念能够表明它们同属于一个概念范畴，这是它们构成反义关系的基础。除了要求属于同一概念范畴之外，构成反义词的两个词还需要具有相反或相对的反义关系。在语言运用中，由于反义词的意义是相反相对的，其所反映的是事物的矛盾对立，因此绝对不能互换使用，否则会表达相反的意思。

因为反义词是对客观现实中存在的矛盾对立的关系的反映，所以判断反义词的重点就是要看它是否能够反映这种矛盾对立的关系。需要注意的是并不是所有的客观事物之间都具有矛盾对立的关系，所以在语言中并不是所有的词都会有反义词，如“杯子、葫芦、词典、打印机”等，这样的词在语言中都不太容易有意义相反相对的反义词。

汉语词汇中反义词数量最多的是形容词，原因是事物对象呈现出来的性质和状态是最容易具有反义关系的，如“大、小”“厚、薄”“勇敢、懦弱”“洁净、肮脏”“温和、暴躁”等。此外，反义词中还存在一部分动词，这也是因为动作行为容易呈现对立的关系，如“来、去”“开、关”“反抗、顺从”“讨厌、喜欢”“升起、落下”等。反义词中名词的数量较少，是因为名词所指称的事物对象和概念现象并不容易构成相反相对的关系。当然，也会有少数名词能够构成一对反义词，如“天、地”“东、西”“左、右”“精神、物质”“朋友、敌人”等。

现代汉语中还有一些词，严格地说，它们所指称的事物和现象本身并不是矛盾的，但是因为在平时的语言交际中我们会经常把它们放在一起对举使用，这就使得这些词构成了相互对立的关系，通常也被称作反义词，如“冬”与“夏”、“手”与“脚”、“红”与“白”等。

总之，两个反义词无论其意义反映的事物本身是不是具有相互排除的反义关系，它们一定要在同一个范畴内体现出两个相对的概念。例如，“早”和“晚”表现出在时间这个范畴内的相互对立，“肯定”和“否定”都是说人对事物的存在或事物的真实性所持有的态度，属于相同的范畴，它们的区别在于代表了两种完全矛盾、相互排斥的态度。又如，“春”和“秋”都指季节，但是指两个相对的季节。由此可见，反义词的相反相对的语义关系是建立在同一个范畴基础之上的，也就是说反义词反映的是同一范畴内的两个事物。同时，同属于一个范畴的两个意义是互相依存，互为条件的。没有“早”，就没有“晚”；没有“肯定”，就不会有“否定”；没有“动”，就没有“静”；没有“曲”，当然也不会有“直”。反之，也是一样的。因此，反义词在意义上的关系不仅仅只是相反相对，二者还是对立统一的关系。

在客观世界中，客观事物之间表现出的矛盾对立关系是比较复杂的，因此在语言的词汇当中，反义词之间的相反相对的关系也是相对复杂的。例如“开”这个词，在表示手部动作“打开”的时候，它和“关”构成一对反义词，如“开门”与“关门”；在表示“开放”的意思的时候，它又和“谢”构成了一对反义词，如“花开”与“花谢”；在表示嘴的“打开”时，它又和“闭”构成了一对反义词，如“开口”与“闭口”。上面的语言事实说明了一个词可以有多个反义词。尤其要注意的是多义词，一个多义词可以在不同的义项上与他词构成反义关系。例如“好”，有多个意义，因而它有“坏”“错”“糟”和“烂”等好几个反义词。又如“新”，是个多义词，同它的各个意义分别构成反义关系的词是“老”“旧”和

"陈"等。这种情形，倒过来说，也就是几个词可以共有一个反义词。这是词义上一词多义以及同义反义之间错综复杂关系的表现，我们在用词和掌握词义时应该注意。

客观现实的矛盾对立不一定只反映在反义词这个语言单位上。例如，"坚定"的反义词是"犹豫"，但是为了表示同坚定相矛盾的概念，也可以说成一个短语："不坚定"。凡是像这样带上否定词的短语，本身已超出一个词的范围，只是就某个词的意义加上否定的意思，都不能算作反义词。

二、绝对反义词和相对反义词

客观现实中的矛盾对立关系在语言词汇中的反映集中体现在反义词上。在逻辑思维中，概念之间的矛盾关系和对立关系就是客观现实中的矛盾对立关系的主要表现。词义的主要内容是用来表示概念的，所以，反义词在词义上能够表现出相反或相对的关系，实际上就是由于反义词可以表示一对带有矛盾关系和对立关系的概念。从这一点来说，之所以能够形成一对反义词，其根本原因在于它们所表示的概念之间存在矛盾对立关系。

我们根据构成反义词的不同的矛盾对立关系，把反义词分为绝对反义词和相对反义词两种类型。

（一）绝对反义词

在事物概念之间存在矛盾关系的基础上构成的反义词，就是绝对反义词。如果两个反义词所表示的概念之间不存在中间的概念，那么二者构成的就是矛盾关系，这就是绝对反义词的主要特征。从词义上看，两个反义词的意义是完全互相排斥的，是非此即彼的——肯定一方就是否定另一方；反之，否定一方，就是肯定另一方。例如，“开”和“关”这两个词的意义就是完全相互排斥的，“开”就是不关，“关”就是不开；反过来，不开那就一定是“关”，不关那就一定是“开”，不存在“不开不关”的中间状态。这种类型的反义词如：

死—活　动—静　有—无

反—正　曲—直　公—私

（二）相对反义词

在概念之间存在对立关系的基础上构成的反义词，就是相对反义词。相对反义词的特点是在两个反义词之间存在第三个或者更多的中间概念，所以两个反义词的内容并不一定完全相反。相对反义词只能在特定条件下形成，肯定一方，当然否定另一方，但是反之则不然，否定一方，不一定肯定另一方。所以，在使用时只能使用正向的含义，不能使用反向的含义。例如，“苦”和“甜”是一对反义词，“苦”就不“甜”，“甜”就不“苦”，但是“不甜”却不一定“苦”，不“苦”也不一定就是“甜”，“苦”和“甜”之间存在中间状态，客观现实中也存在“不苦不甜”的中间状态。这种类型的反义词如：

高—低　粗—细　大—小

黑—白　冷—热　软—硬

快乐—忧愁　宽阔—狭窄　朋友—敌人

在特定情况下，两种类型的反义词是可以互相转换使用的。绝对反义词可以被当作相对反义词来使用，反过来，相对反义词也可以被当作绝对反义词来使用。例如，“死”和“活”是一对绝对反义词，按照上述绝对反义词的判断标准，不存在“不死不活”的中间状态。但是在汉语的实际运用中，却存在“不死不活”的说法。“不死不活”其实还是“活”的，之所以这样使用是为了表达“处境非常不好，难以让人忍受”的意思。又如，“进”和“退”是具有对立关系的相对反义词，但语言中会有“不进则退”的说法，在这里之所以把相对反义词当作绝对反义词来使用，这是为了表达没有退路，从而强调“进”。

第二节　反义词的作用

由于反义词反映了事物概念之间相互矛盾、相互对立的关系，恰当地运用反义词可以把事物概念的矛盾和对立凸显出来。在具体的语言运用上，反义词如果运用得好，就会收到良好的表达效果，主要体现在三个方面。

第一，揭示矛盾，突出特点。在语言表达中，以对比的形式使用反义词，有利于深入分析问题，揭示事物之间的矛盾关系，可以构成表意鲜明的对比和映衬，这样能够更加深入而有力地把事物的特点凸显出来。例如：

超级大国口头上天天讲裁军，实际上是天天在扩军。

科学研究来不得半点虚伪和骄傲，需要的是诚实和谦逊的态度。

第一例“口头上”与“实际上”具有反义关系，“裁军”与“扩军”是相对反义，两对反义词交叉连用，深刻地反映了“超级大国”对待“裁军”问题的态度，揭露了其言行不一的丑陋嘴脸。第二例“虚伪”与“诚实”、“骄傲”与“谦逊”这两对反义词交叉连用，强调突出了从事科学研究需要的精神品质和态度。

第二，加强语气，强调核心。使用反义词具有加重语气、强调核心意思的作用。这个作用与同义词相似，只不过词义关系刚好是相反的。例如：

夜晚的工地上，人来车往，灯火辉煌。

郑朝阳为了解决农民工子女入学的问题东奔西走，不辞辛苦。

第一例“来”与“往”这对反义词的运用突出了夜晚工地的热闹景象。第二例“东”与“西”这对反义词的运用则表达了主人公为解决农民工子女入学问题而四处奔忙的核心意义。这两对反义词的运用都起到了加强语气的作用。

第三，正反统一，对比深刻。连用一对反义词，目的是为了揭示事物所包含的矛盾对立的两个方面，在语言上会形成一种表意深刻的语句。这时反义词相互之间的词义确实存在着一定的矛盾关系，但是实际上是正反统一的，揭示了一个问题的两个方面。所以，这样的表达更能引发人的深入思考。例如：

焦裕禄同志的一生是平凡而伟大的一生。

战士们的军旅生活严肃而活泼。

第一例把“平凡”与“伟大”这对具有矛盾关系的反义词用在同一个人身上，深入地刻画出焦裕禄这个人民公仆的形象。第二例则运用“严肃”与“活泼”这对反义词表现出战士们军旅生活的多面性。这两对反义词的运用深刻地反映了事物的对立统一关系。

现代汉语中还存在由具有反义关系的字构成的复合词。例如：

矛盾　迟早　横竖　得失　高低
左右　呼吸　买卖　多少　方圆
好歹　曲直　冷暖　大小　甘苦
出入　动静　来往　是非　胜负

通常这种复合词的词义并非是具有反义关系的两个字义的简单相加，而是从相互矛盾对立的关系中概括出来的新的意义。例如，“买卖”是指“生意”或“商店”，“开关”是指“电器装置上接通和截断电路的设备”。

具有反义关系的两对反义词交叉搭配还能够构成成语。例如：

喜新厌旧　出生入死　厚今薄古　前仆后继
阳奉阴违　损人利己　避重就轻　大同小异

这些成语中加点的成分和下划线标出的成分分别具有反义关系。反义词与同义词交叉搭配也可以构成成语。例如：

惊天动地　新仇旧恨　左思右想　冷嘲热讽

同甘共苦　内忧外患　街头巷尾　欺上瞒下

这些成语中加点的成分之间是反义关系，下划线标出的成分之间是同义关系。

另外，反义词还有助于多义词、同义词的词义辨析。例如，“深”是一个多义词，我们可以说“水深”，和“水浅”的意义相反，“深谈”和“浅谈”意义相反，“深厚”和“浅薄”意义相反，也就是说“深”在“从上到下或从外到里的距离大”“深刻”和“（感情）厚；（关系）密切”这三个意义上和“浅”构成了一对反义词，所以“深”有“从上到下或从外到里的距离大”“深刻”和“（感情）厚；（关系）密切”这三个意义。此外，我们在辨析同义词之间的微小差异时，可以适当地利用反义词这个手段。例如，“典雅”和“高雅”是一组同义词，“典雅”的反义词是“粗俗”，“高雅”的反义词是“低俗”，由此可见二者的差别；“善良”和“仁慈”也是一组同义词，“善良”的反义词是“邪恶”，“仁慈”的反义词是“残忍”，由此可见二者的差别。

由于汉语韵律的特点，单音节的词，它的反义词也常常是单音节的；双音节的词，它的反义词也常常是双音节的。例如，“高”和“矮”、“长”和“短”、“前进”和“后退”、“宽阔”和“狭窄”、“坚强”和“脆弱”、“稀疏”和“稠密”等。

第三节　反义词的运用

反义词和同义词都属于语言词汇的聚合体，学习和运用中都需要给予重视。和同义词一样，反义词的使用是否恰当而准确，也是不可忽视的问题。

对于一对反义词来说，其意义总是相反相对的。相反一定是对立的，但是反过来，对立却不一定是绝对相反的。比如“动”和“静”就是相反的，当然也是互相对立的，也就是说不是“动”就是“静”，通常不存在既不动也不静的中间状态。但是“软”和“硬”就不一样，不“软”不一定就“硬”，不“硬”不一定就“软”，“软”和“硬”之间还存在“不软不硬”的中间情况。这样就对应了反义词的两种类型，一种意义是相反的，即前面说到的绝对反义词，另一种意义则是相对的，即前面说到的相对反义词。所以，在社会生活中，如果我们想要从事物的反面进行论证时，一定要注意区别两种不同类型的反义词，避免造成逻辑上的混乱现象出现。

比如说，我们在具体语言运用中想要从事物的反面去否定某一点，同时肯定与之相反的另一点，那么我们就一定要运用表示相反意义的绝对反义词。与之相反，如果我们从反面去否定某一点时，同时并不想肯定与之相反的另一点，这时就要运用表示相对意义的相对反义词。例如，在生活中我们说“这条围巾不是黑色的”，并不是说这条围巾是白色的，还可能是灰色或其他颜色的。原因在于“黑色”和“白色”在意义上只是相互对立，并不是互相排斥的相反关系，即二者是相对反义词，不是绝对反义词。因此，说话人从反面否定“黑色”，并不是想同时肯定“白色”，这样也就不会让听话人理解为“白色”。

此外还应注意，反义词在使用中有很大的灵活性。有的词本来没有反义词，可以临时根据表达的需要，仿造一个“新”的反义词出来。当然这种临时仿造并不是随意的，而是修辞上的一种特殊手段。例如：

> 当新闻变成了“旧闻”，时过境迁，当事人消除了顾虑，可以娓娓道来，说出许多新闻来。

上例中“旧闻”是根据现代汉语固有词“新闻”临时创造出来的，在这里两个词构成临时的反义关系，表达了作者进行实地采访的艰辛和不易。

第五章　熟语的雅俗及其运用

第一节　成语的性质和特点

什么是成语？大家经常用到的“顾名思义”“融会贯通”“惊弓之鸟”和“釜底抽薪”等语言单位，运用起来像一个词一样，但是很明显它们要比词大，意义也是相对复杂的，这样的语言单位就是所谓的成语。显然，在语言运用时，如果只了解某些个别成语的例子，还不等于弄清楚了什么样的语言单位才算作是成语，我们还需要进一步明确成语的性质和特点。

作为固定短语的一种，成语首先具有所有固定短语都具备的三个特点。第一，结构关系和组成成分都是固定的，不能任意地改动，也不能任意地增加或减少其组成成分。例如，“凤毛麟角”不能说“凤毛和麟角”“凤的毛和麟的角”或“凤凰毛和麒麟角”。第二，在使用时相当于一个词，通常能够充当句子的某个成分（谓语、主语、宾语、定语、状语、补语等），一般不独立构成一个句子。例如，“他正在津津有味地看着一本漫画书”和“他正在入迷地看着一本漫画书”，两个句子所表示的意思是差不多的，成语“津津有味”在使用时相当于“入迷”这个词，在句子里作状语。第三，意义相对复杂，通常是由几个词的意义按照一定的组合关系构成的。例如“齐心协力”，其意义是由“齐”（表示“同样，一致”）、“心”（表示“心脏”）、“协”（表示“共同”）、“力”（表示“力量”）等四个意义组合在一起构成的。

除此之外，成语区别于其他熟语的地方还表现在以下三个方面。

第一，从形式上看，成语的典型格式是四字格。例如：

赳赳武夫	蓁首蛾眉	坐而论道	安富恤贫
拨乱反正	不期而遇	如丧考妣	承欢膝下
水深火热	微乎其微	如释重负	名正言顺
精益求精	敬而远之	金玉满堂	鬼斧神工
害群之马	户枢不蠹	寡不敌众	令行禁止
望梅止渴	黔驴技穷	一刀两断	同归于尽

第二，从语体风格上看，成语表现出明显的典雅色彩，体现书面语语体特征。古代创造的成语，一部分是文人创作的，自然带有古雅的色调，如“牝鸡司晨、千里一曲、巧言如簧、日不移晷”；一部分是民间的创作，它们虽然用的是当时的口语，但由于语言发展，现在看来也是古雅的，如“肉食者鄙、如烹小鲜、三豕涉河、孤注一掷”。现代创作的成语很多是模仿古代的，在语义上也使用含有古雅色彩的成分，如“欧风美雨”（秋瑾）、“华屋丘墟”（鲁迅）。

第三，多数成语都是有出处的，而且多出自经典性的著作。例如，“寿比南山、辗转反侧、如履薄冰、鳞次栉比、进退维谷、风雨如晦”等都是来自于《诗经》的成语，“众叛亲离、昼伏夜动、有备无患、言归于好、相敬如宾、知难而退”

等都是出自《左传》的成语，“九合一匡、斐然成章、不耻下问、循循善诱、三十而立、克己复礼”等都是出自《论语》的成语，“白虹贯日、百发百中、抵掌而谈、卧不安席、惊弓之鸟、不遗余力”等都是来自于《战国策》的成语。

第二节 成语的来源和运用

一、成语的来源

现代汉语的成语极其丰富，主要有以下四种来源。

第一，来源于古代的神话传说或者寓言故事。例如：

夸父逐日(《山海经·海外北经》)

守株待兔(《韩非子·五蠹》)

自相矛盾(《韩非子·难一》)

塞翁失马(《淮南子·人间训》)

拔苗助长(《孟子·公孙丑上》)

叶公好龙(西汉·刘向《新序·杂事五》)

第二，来源于历史故事或历史事件。例如：

图穷匕见(《战国策·燕策三》)

负荆请罪(《史记·廉颇蔺相如列传》)

纸上谈兵(《史记·廉颇蔺相如列传》)

破釜沉舟(《史记·项羽本纪》)

卧薪尝胆(《史记·越王勾践世家》)

暗度陈仓(《史记·高祖本纪》)

背水一战(《史记·淮阴侯列传》)

第三，来源于古代的诗文名句。例如：

爱莫能助(《诗经·大雅·烝民》)

寿比南山(《诗经·小雅·天保》)

诲人不倦(《论语·述而》)

道听途说(《论语·阳货》)

困兽犹斗(《左传·宣公十二年》)

安步当车(《战国策·齐策四》)

短兵相接(《楚辞·九歌·国殇》)

老骥伏枥(东汉·曹操《步出夏门行》)

爱不释手(南朝梁·萧统《陶渊明集序》)

高朋满座(唐·王勃《秋日登洪府滕王阁饯别序》)

自生自灭(唐·白居易《山中五绝句·岭上云》)

来日方长(南宋·文天祥《与洪端明云岩书》)

第四，少数来自于口头俗语。“唇亡齿寒、众口铄金、千夫所指”等，少数成语是来自古代的俚语，在古代文献中会有“谚曰”“鄙语”“俚语”等作为提示语。

通过不同来源的成语之间的对比，我们发现其形成有所不同，有的直接引自原文，有的则是经过加工处理的，特别是那些来自于古代神话、寓言故事及历史事件、历史故事的成语，大多数是经过人们对整个故事情节、历史事件进行概括最终形成的。

成语作为固定短语的一员，稳定性是它的特征之一，但是也不是说它就是永远不变的。随着社会的发展、语言的演变，有的成语的组成成分发生了改变，如"揠苗助长"现在变成了"拔苗助长"，"每下愈况"现在更多使用为"每况愈下"。有的成语则是理性意义发生了变化。例如"空穴来风"，古代用它比喻出现传言都有一定的原因或根据。《庄子》："空门来风，桐乳致巢。"战国·楚·宋玉《风赋》："臣闻于师，枳句来巢，空穴来风。"但是到了现代，"空穴来风"的意义却变得相反了，不再是说传言有依据和原因，而是指传言没有根据。有的成语则是色彩意义发生了变化。例如"愚不可及"，古义指大智若愚，质朴非常人所及。《论语·公冶长》："子曰'宁武子邦有道则知，邦无道则愚；其知可及也，其愚不可及也。'"汉·孔安国《论语孔氏训解》曰："佯愚似实，故曰不可及也。"从上面可以看出，"愚不可及"在古代是具有褒义色彩的成语，但发展到了现代汉语却变成了"愚蠢无比"的意思，具有明显的贬义色彩。可见成语也是有变化的。

二、成语的运用

对比来看，成语的表义是相对凝练的。相同的意思，如果不使用成语的话，就需要使用很多的词句才能说明白。例如"螳臂当车"表达的意思，用一般的词来表示，会说成"不正确估计自己的力量，去做办不到的事情，必然招致失败"。由此可见，在语言表达中运用成语可以使表达变得简洁、凝练。

所以，在语言表达中运用成语时，首先要注意它的精练功能，这是运用成语的基本原则，是为了表达的经济、凝练而使用成语。例如，在形容描写或模仿得非常好，非常逼真时，就要使用成语“惟妙惟肖”，而不需要使用很多的词句来说明。其他例如：

> 近代以来，实现中华民族伟大复兴成为中华民族最伟大的梦想，中国人民百折不挠、坚忍不拔，以同敌人血战到底的气概、在自力更生的基础上光复旧物的决心、自立于世界民族之林的能力，为实现这个伟大梦想进行了170多年的持续奋斗。
>
> （习近平2018年在第十三届全国人民代表大会第一次会议上的讲话）

上面这段讲话使用“百折不挠”“坚忍不拔”和“自力更生”三个成语来表达实现中华民族伟大复兴这个梦想时，会遇到很多困难和挫折，需要我国人民一起努力，不要畏惧前方的狂风暴雨，要毫不动摇地坚持中国共产党的领导，同时也表达了坚信我国人民一定能够为实现伟大的中国梦而坚持不懈地进行艰苦卓绝的努力的决心和信心。

把意义相对的反义成语，在具体的上下文中对比地加以运用，是成语的对举使用。反义成语的对举使用能够达到很好的表达效果。例如：

> 有实事求是之意，无弄虚作假之心。
>
> 他这样的做法一点儿都不是像他所说的什么“雪中送炭”，简直就是“落井下石”！

这种使用，类似修辞中的“对偶”手法。对偶的突出特点是，利用形式结构的对称来凸显内容的对立或对称，从而增加表达效果。在语言表达中运用成语来实现此种修辞效果，从表达上看，不仅形式显得工整对称，而且语义的对比也特别明显。

根据语言表达的具体需要，语言使用者可以临时突破成语“定型性”的要求，这就是成语的活用。活用既是表义的需要，也是修辞的需要。活用是在成语一般意义和用法基础上的活用，必须以成语的原形和原义作为基础和前提。如果对于原形原义改变得太多，那就不是临时的活用了。成语活用的方式主要有意义的引申和结构的拆嵌两种情况。例如：

> 这些坚定的人，好比屹立在天地的岩石，它们（火成岩、水成岩或变质岩）诞生于“水深火热”之中，经过大水和烈火的锻炼，它们生成了一身坚强的筋骨。

“水深火热”本来是“形容人民生活处境异常艰难困苦”的意思。这里表面上好像是用了这个成语的字面意义，说“水成岩、火成岩”是从“深水热火”中产生，但是实际上却是用这个成语比喻革命者都来自艰苦的革命斗争，长期经历了革命烈火风暴的锻炼与考验，具有“一语双关”的意思。这就是成语的意义引申。

在语言运用中，为了表达的需要，把一个成语拆开来，中间加入其他的成分，这就是成语的拆嵌。例如：

> “五四”时期，在书面语问题上的厚古薄今——厚文言文之古，薄白话文之今——就是封建阶级遗老遗小们的复古主义文化思想的表现之一。

“厚古薄今”这个成语的意义是“指在学术研究等方面重视古

代，轻视现代”，这个意义比较概括，把它扩展成“厚文言文之古，薄白话文之今”，这样，在表义上就由概括到具体，从而达到了明确表达的目的。

运用成语不仅可以使我们的语言表达言简意赅，而且还可以产生生动形象的表达效果。正因为成语具有这样的作用，所以在语言运用中我们会经常用到成语。但是，成语的运用是要受到其自身性质和特点的限制的，不能任意地去使用。在运用成语时，我们要注意以下几个方面。

第一，要明确成语的真正含义。例如，“狼烟四起”的真正含义是形容战争纷起，社会动荡不安；“狼狈为奸”的真正含义是指坏人串通一气互相勾结干坏事。而对那些出自于历史故事、历史事件的成语，如“负荆请罪、风声鹤唳、暗度陈仓”等，就要了解成语所概括的整个故事或事件的情节，这样才能够帮助我们更准确深入地理解这些成语的真正含义。对于那些具有褒贬感情色彩的成语，如“臭名昭著”和“声名远扬”、“卷土重来”和“重整旗鼓”、“老奸巨猾”和“足智多谋”、“处心积虑”和“殚精竭虑”、“得意扬扬”和“兴高采烈”等，前者带有贬义色彩，后者带有褒义色彩，在语言运用中我们要认真分辨它们之间的区别。此外，成语与其他的词汇成分一样，绝大多数都具有意义的整体性，因此在使用或者理解成语的时候，一定要以理解成语的真正含义为前提，既包括理性意义，又包括色彩意义，不可望文生义，否则就会闹笑话。有人想要表达学生们在课堂上积极与老师互动，老师提出问题后学生很想发言回答老师的问题，这时他用“蠢蠢欲动”这个成语来说明学生们的表现，这明显是不合适的。《现代汉语词典》(第7版)将“蠢蠢欲动”解释为“指敌人准备进行攻击或坏人策划破坏活动”，具有很强的贬义色彩，用它来说明学生的上课状况显然是不妥当的，可以换成意义相近但感情色彩不同的另一个成语“跃跃欲试”。

第二，成语具有结构的凝固性，运用时要使用固有的固定形式，一般不能任意地更换或增减它的构成成分。例如，把“数典忘祖”改为“数典忘宗”是不可以的。但是要排除一种情况，如果是在具体的语言表达中，为了修辞的需要，也可以临时改变成语的形式，以达到特殊的表达效果。例如，把“抛砖引玉”临时说成“先抛砖后引玉”，这样使用时增加了其他词语，是古为今用的修辞表达；把“旁若无人”临时说成“旁若有人”，这是更换了成语的成分，是反义仿造的修辞手法。这种情况属于语言中的积极修辞，与前面说的任意变动是完全不同的两回事。

第三，有些成语在现代汉语阶段存在不同的写法，表示相同的意义，却出现了写法不同的异形成语，这些成语就应是语言规范的对象。在具体规范时，应该以其中最常用常见的作为标准，而另外的不常用不常见的则应被规范掉。例如“厉兵秣马”和“秣马厉兵”、“争风吃醋”和“争锋吃醋”、“师道尊严”和“师严道尊”，前者经常使用，是正确规范的形式，而后者则不经常使用，应被规范掉。

第四，每个成语都有明确的读音和字形，使用时必须分辨清楚，不能读错，也不能写错。将“美轮美奂”的“轮”写成了“仑”或“伦”，将“授人口实”的“授”写成了“受”，将“羽扇纶巾”的“纶”(guān)读为lún，将“锲而不舍”

的“锲”（qiè）读成了 qì，将“心宽体胖”的“胖”（pán）读为了 pàng，这些都是错误的。下面是成语中的“常见的别字”，可参考学习（正确的是粗体字，别字是括号里的）。

唉（哀）声叹气	按**部**（步）就班	**稗**（裨）官野史
班（搬）门弄斧	**坂**（板）上走丸	卑**躬**（恭）屈膝
变本加**厉**（利）	并行不**悖**（背）	病入**膏肓**（盲）
不可思**议**（义）	不**计**（记）其数	不**胫**（颈）而走
惨绝人**寰**（环）	**惨**（残）无人道	草**菅**（管）人命
瞋（填）目叱之	陈词**滥**（烂）调	出类拔**萃**（粹）
出奇**制**（致）胜	**川**（穿）流不息	从中**斡**（幹）旋
大有**裨**（稗）益	**殚**（惮）精竭虑	当**仁**（人）不让
掉（调）以轻心	动**辄**（辙）得咎	断壁颓**垣**（桓）
咄咄（拙）逼人	阿**谀**（谩）奉承	耳**濡**（儒）目染
发**愤**（奋）图强	**翻**（反）云覆雨	方**枘**（柄）圆凿
飞扬**跋**（拔）扈	风尘**仆仆**（扑）	丰功伟**绩**（迹）
风**靡**（糜）一时	风声鹤**唳**（泪）	敷**衍**（演）塞责
富丽堂**皇**（黄）	改弦更**张**（章）	甘冒不**韪**（讳）
感人肺**腑**（府）	刚**愎**（腹）自用	高官厚**禄**（录）
高瞻远**瞩**（属）	**亘**（互）古未有	功亏一**篑**（匮）
呱呱**坠**（堕）地	孤**注**（柱）一掷	故作矜**持**（恃）
鬼鬼**祟祟**（崇）	海市**蜃**（唇）楼	含辛**茹**（如）苦
和**蔼**（霭）可亲	**和**（合）盘托出	**哄**（轰）堂大笑
侯（候）门如海	怙恶不**悛**（俊）	虎视**眈眈**（耽）
荒（谎）谬绝伦	火中取**栗**（粟）	**既**（即）往不咎
记忆**犹**（尤）新	**缄**（箴）口不言	**艰**（坚）难困苦

坚如**磐**（盘）石	矫**揉**（柔）造作	**截**（接）长补短
接**踵**（踪）而来	金**瓯**（殴）无缺	**兢兢**（竞）业业
赳赳（纠）武夫	鞠躬尽**瘁**（粹）	举世**震**（振）惊
绝代**佳**（隹）人	**颗**（棵）粒归仓	**空**（恐）前绝后
口干舌**燥**（躁）	苦心孤**诣**（旨）	**脍**（烩）炙人口
宽**宏**（洪）大量	礼**尚**（上）往来	良**莠**（秀）不齐
寥寥（廖）无几	**流**（浏）连忘返	龙盘虎**踞**（据）
勠（戳）力同心	脉**络**（胳）分明	**漫**（满）山遍野
毛骨**悚**（耸）然	面面**俱**（具）到	民生凋**敝**（蔽）
明**辨**（辩）是非	明知**故**（固）犯	**墨**（默）守成规
莫**衷**（中）一是	**呕**（沤）心沥血	**纰**（批）漏百出
披（批）沙拣金	披星**戴**（带）月	迫不**及**（急）待
破**釜**（斧）沉舟	**恰**（洽）如其分	千**钧**（钓）一发
前**倨**（踞）后恭	前**仆**（扑）后继	强**弩**（努）之末
敲**诈**（榨）勒索	翘首**盼**（盻）望	**顷**（倾）刻之间
情不自**禁**（尽）	**罄**（磬）竹难书	**却**（缺）之不恭
如法**炮**（泡）制	如火如**荼**（茶）	**孺**（儒）子可教
入不**敷**（付）出	**煞**（杀）费苦心	**歃**（插）血为盟
潸（潜）然泪下	声闻**遐**（暇）迩	**稍**（少）纵即逝
始终不**渝**（逾）	史无前**例**（列）	事过**境**（景）迁
世外桃**源**（园）	手不**释**（失）卷	**首**（手）屈一指
肆（肄）无忌惮	随声附**和**（合）	提纲**挈**（携）领
天崩地**坼**（折）	甜言**蜜**（密）语	**恬**（括）不知耻
条分缕**析**（拆）	挑拨**是**（事）非	**铤**（挺）而走险
歪风**邪**（斜）气	万事**亨**（享）通	**枉**（妄）费心机

望风披**靡**（糜）	为虎作**伥**（帐）	**唯**（为）命是听
萎（痿）靡不振	巍然**屹**（圪）立	味同嚼**蜡**（腊）
无耻**谰**（滥）言	无独有**偶**（隅）	**戊**（戌）戌政变
希（惜）世之珍	喜上眉**梢**（捎）	**瑕**（暇）瑜互见
相形见**绌**（拙）	向**隅**（偶）而泣	**骁**（饶）勇善战
销**赃**（脏）灭迹	**胁**（协）从不问	心狠手**辣**（棘）
心**灰**（恢）意懒	心怀**叵**（巨）测	心劳日**拙**（绌）
星罗**棋**（旗）布	修**葺**（茸）一新	**栩栩**（诩）如生
喧（宣）宾夺主	循规**蹈**（导）矩	**徇**（殉）私舞弊
循（寻）序渐进	**揠**（偃）苗助长	**雅**（鸦）俗共赏
湮（淹）没不闻	言简意**赅**（该）	**偃**（揠）旗息鼓
杳（沓）无音信	一**筹**（愁）莫展	一**鼓**（股）作气
一劳永**逸**（易）	一**窍**（窃）不通	一望无**垠**（银）
一张一**弛**（驰）	一枕黄**粱**（梁）	**贻**（遗）笑大方
以见一**斑**（般）	以逸**待**（代）劳	义不容**辞**（词）
义愤**填**（添）膺	**异**（一）口同声	阴谋**诡**（鬼）计
英雄**辈**（倍）出	庸庸**碌碌**（录）	怨天**尤**（由）人
优（忧）柔寡断	有**恃**（持）无恐	羽扇**纶**（伦）巾
语无**伦**（仑）次	**缘**（沿）木求鱼	原物**璧**（壁）还
运筹帷**幄**（握）	招摇**撞**（装）骗	召之**即**（既）来
遮天**蔽**（避）日	真知**灼**（卓）见	仗义**执**（直）言
掷（抛）地有声	治丝益**棼**（纷）	中流**砥**（抵）柱
缀（掇）句成文	**惴惴**（揣）不安	捉襟见**肘**（肯）
擢（捉）发难数	自顾不**暇**（遐）	**恣**（姿）意胡为
自寻烦**恼**（脑）	纵横**捭**（俾）阖	罪不及**孥**（奴）

第五，大多数成语是从古代汉语中继承发展而来的，其中的构成成分继承了古代汉语的意义，但在读音上部分构成成分的读音已经发生了变化，当然也还有一些构成成分仍保留古代的读音，因此我们在口头表达时使用这些成语要注意这些字的特殊读音。例如，“叶公好龙”中的“叶”，旧读shè，今天的读音为yè；但“否极泰来”中的“否”仍然读旧音pǐ，不读fǒu，“一曝十寒”中的“曝”仍读旧音pù，不读bào。

第三节 惯用语

我们在日常的语言交际中也会经常使用到惯用语，它在使用时和成语一样，也是相当于一个词，但同时也具有区别于成语的一些特点。所以，掌握惯用语的性质和特点对于语言的运用和表达是有很大帮助的。

惯用语指的是四字或四字以上的表意俗白的单位。惯用语中由四字构成的单位略多，因此可把惯用语的典型长度定为四字，如“仨瓜俩枣、仨饱俩倒、有一得一、喝西北风”。惯用语当然也有超过四字的，如五字的“脚踩两只船”、六字的“官盐当私盐卖”、七字的“敬酒不吃吃罚酒”、八字的“癞蛤蟆想吃天鹅肉”、九字的“老天爷饿不死瞎家雀”、十字的“能挑千斤担，不挑九百九”，甚至有超过十字的，如“以其人之道，还治其人之身”“拳头上立得人，胳膊上跑得马”“只能骗过猪八戒，骗不了如来佛”“你走你的阳关道，我走我的独木桥”。惯用语可以有单小句型和多小句型两类。单小句型的长度一般不超过十个字；多小句型的一般是由双小句构成的，如“此一时，彼一时”“抓个芝麻，漏掉西瓜”“前门拒虎，后门进狼”“家无隔宿之粮，灶无半星之火”；个别的也有由三个小句或三个以上小句构成的，如“上无片瓦遮身，下无立足之地，日无隔宿冬粮”。

惯用语在形式上的本质特征表现为，构成惯用语的各个成分相对稳定，这使得惯用语的结构具有相对定型性。所谓“相对定型性”是指，与自由短语相比，其结构形式一般比较稳定；与成语相比，它的定型性又要差一些，可以使用同义成分替代或者中间插入其他成分。

惯用语在语义上具有描述性、抽象性以及惯用性的特点。

惯用语的描述性特征具体体现为描绘和陈述两种语用功能。在这两种功能中，描绘功能更为常见。例如：

> 我们四个人呼呼拉拉、风卷残云地出了房间，梧桐余气未消地对我说：“你能跟这种小人长期同居保持面和心不和真是奇迹！”
>
> （张欣《梧桐，梧桐》）
>
> 父亲不会像老兰他们那样白刀子进去红刀子出来地去赚流血的钱，父亲也不会像村子里那些莽汉子到火车站上去当装卸工赚流汗的钱，父亲用他的智慧赚钱。（莫言《四十一炮》）

上例中，“面和心不和”的意思是表面上很和气，心里却有矛盾，“白刀子进去红刀子出来”，意思是要杀人见血、动手拼命。这两个惯用语都是采用直接陈述或据实描绘的白描手法。这是白描法。

> 于大妈自从去早市被骗后，总是找老伴的别扭，没理占三分，整天吵吵闹闹。（《读书》）

“没理占三分”本来的意思是指没有什么道理但是偏要说出几分道理，惯用语的意思为强词夺理。这个惯用语的意义，是从本义引申、推演而来的。这是引申法。

> 现在想起来，这个想法真有点可笑；在当时我可是诚心地相信这是最高明的办法。“八”字还没有一撇儿，我觉得很高兴，仿佛我已经很有把握，既得到差事，又能恢复了名誉。（老舍《我这一辈子》）

“‘八’字还没有一撇儿”本来的意思是说要写“八”这个字，但第一笔还没有完成，用这个惯用语来比喻事情还没有眉目。惯用语的意义是通过比喻的方式创造出来的，这是惯用语表义的最常见方式。这是比喻法。

> 过去农民们看不惯何十二这类人，管他们叫“九八佬”，意思是靠耍嘴皮子两头骗的人。
>
> （《人民日报》1994年）

“耍嘴皮子”指光说不做，或卖弄口才。用“嘴皮子”来指代开口说话。这个惯用语的意义是通过借代的方式创造出来的。这是借代法。

> 牛朝阳不由得对老杨产生了反感，认为他今天是鸡蛋里挑骨头，故意找岔子。
>
> （丛笄《谁是幕后者》）

“鸡蛋里挑骨头”是说故意挑刺、找毛病，很显然惯用语的意义是通过夸张手法形成的。这就是夸张法。

惯用语的描述性特征与惯用语的取材直接相关，在人们的日常生活中从感官上会接触到这些实实在在的事物，所以会成为惯用语构成的主要来源。除此之外，某些惯用语意义的形成，实际上经历了从具体到抽象的过程，从而体现出抽象性的特点。例如：

> 刘魁胜满心认为装红白脸，拉拉近乎，就能打动了人们的心。　　（冯志《敌后武工队》）

上例里的“装红白脸”，原来是曲艺戏曲演出的用语，意义是比较实在的，但是发展成惯用语之后，就由具体意义变成了抽象的意义，经历了由实到虚的变化，用来指随时变换角色，充当两面派。

通常从古代传承下来的或者反映历史事件、历史故事的惯用语，往往会具有抽象性特征。例如：

> 工笔也很难，但只要花工夫练习，不至于“画虎不成反类狗”。　　（金克木《〈活动变人形〉书后》）
>
> 它深深地印在我的脑子里，从而忽略了妈毕竟是八十岁的老人，以至我大意失荆州。
>
> （张洁《世界上最疼我的那个人去了》）

第一句里的“画虎不成反类狗”，出自于汉代马援的《诫兄子严敦书》：“效（杜）季良不得，陷为天下轻薄子，所谓画虎不成反类狗者也。”原义是指在画猛虎的时候，因为画技拙劣，把虎画成了像狗一样。后来成为惯用语后用来形容模仿得不好，变得不伦不类 。上文的“所谓”一词说明“画虎不成反类狗”在汉代的时候就已经是惯用语了。第二句里的“大意失荆州”，原本是指三国时镇守荆州的蜀国大将关羽，由于大意轻敌而导致荆州失守，这是历史上发生的历史事件，作为惯用语，将这个历史事件抽象概括，用来泛指因疏忽大意而遭受损失或失败。

除了上述情况之外，有些惯用语的意义则是随着人们在日常的言语实践中的使用习惯而形成的，我们很难说清楚它们的构成理据，仅仅是一种使用习惯。例如：

> 后来，这个应聘者来面试的时候，我们发现他果然三下五除二就能将程序搞定。
>
> （李开复《世界因你而不同》）
>
> 我买回来，不管三七二十一，就把塑料袋里的豆汁儿全倒进锅里，上火就熬。
>
> （《人民日报》2000年）

第一句中的“三下五除二”，原本是珠算的一种加法口诀，后来大家在日常交际中用它来形容做事干脆利落或动作敏捷。第二句的“不管三七二十一”，“三七二十一”原本是乘法口诀，前加“不管”组合在一起构成了我们熟知的惯用语，它的意思是说做事情不顾一切，或者不问是非情由。这两个惯用语都具有惯用性。

这种由于使用习惯形成的惯用语是普遍存在的。其他例如：

> 两人心里都有些不耐，嘴上还东一句，西一句的，说些往事，又说些近况，后来就说到了“上海

小姐”的事情上，两人忽都停了一下。

（王安忆《长恨歌》）

加之凹凸山麓麇集一群土洋混杂的抗日部队，八路军杨庭辉支队又不断出击，今天打曹庙，明天炸顾店，东一榔头，西一棒子，打得“太君”魂不守舍，实在是无暇顾及暂栖一隅的刘汉英了。

（蒋晓勤等《历史的天空》）

第一句中的“东一句，西一句”，是指说话没有条理和头绪，漫无边际。第二句中的“东一榔头，西一棒子”，比喻说话没有条理，做事不按章法或次序，没有明确的目标。这两个惯用语都是用“东”和“西”相对，后面加上其他词语构成的，具有惯用性特征。

惯用语出自于广大人民群众的口头，这样就形成了通俗、平易、生动的口语化特点。这与成语形成了鲜明的对比。二者之所以会形成如此鲜明的差异，主要是因为它们的来源不同。与惯用语出自人民群众口头不同，成语多数是出自书面语的，而且多是来自于古代文献，有的是对古代神话传说、历史故事、历史事件的概括，有的是则是摘取自古代的诗文名句。

从词语构成上来看，构成惯用语的词，都是生动、鲜活的口语词，很少使用文言词。即使是在几百年前产生的惯用语也是这样的。所以，惯用语通俗、平易、生动的口语化风格就特别突出，同时还带有浓厚的生活气息。在使用惯用语时，我们绝不能用文言词语来代替这些生动、鲜活的口语词。

惯用语具有特别明显的感情色彩，因为它们在语言运用中多用来表示负面的否定意义，所以绝大多数惯用语都表现出贬斥、否定的感情色彩，如“半瓶子醋、打小报告、打小算盘、烧断头香、碰一鼻子灰、赶鸭子上架、恨铁不成钢、乱点鸳鸯谱、阴沟里翻船、死马当活马医、一个巴掌拍不响、吃不了兜着走、大水冲了龙王庙、饱汉子不知饿汉子饥”等。当然也有少数惯用语是没有明显的褒贬感情色彩的，如“三下五除二、八九不离十”等。

前面说过，惯用语的特点是具有平易、形象、生动的口语化风格，因此在语言运用中体现出很强的表现力，可以使语言生动、活泼、形象，恰当地使用会收到积极的表达效果。例如：

> 路一天天往前修，村干部也一个个受到了棍棒之苦。“挨打也好，受骂也好，就是不能打退堂鼓！”白天，张作玺拄着铁锹，路修到哪儿，他就站到哪儿。（《人民日报》1998年）
>
> 因为军民一心，靠了地道，到处狙击，勇敢坚持，结果，鬼子每次都碰了一鼻子灰；山崎、横尾、小久保等敌人在高阳、任丘搞的所谓重点“誓约”“新国民运动”等等花样，经几次打击，也遭到了彻底破产。（冯志《敌后武工队》）

第一句用“打退堂鼓”很生动形象地说明了村干部遇到困难不退缩的精神，语言十分形象，第二句用“碰了一鼻子灰”说明鬼子遇到中国军民的顽强反抗，最后在战争中失败。这里惯用语的运用使得语言表达既简洁凝练又形象生动。

惯用语是广大人民群众创造出来的固定短语，也受到了普通百姓的喜爱。经常被人们说在口头上，也会用到书面里。为了更加准确恰当地运用惯用语，发挥它独特的语言表达作用，我们在具体运用时要特别注意以下几点：

第一，要做到准确理解惯用语的含义，如果对惯用语的含义理解得不深不透，那就不要使用它。同时要避免惯用语的滥用，要结合语言环境和表达需要精心选择惯用语。

第二，惯用语除了理性意义之外，还具有感情色彩和使用的倾向性，在运用惯用语时，要特别注意这一点。如前所述，惯用语的感情色彩多为贬斥和否定的，也就是贬义惯用语居多，所以，如果是表达肯定和褒扬意义时，就不能使用惯用语。

第三，惯用语的口语特征也比较明显，在严肃的或正式的场合中，除了修辞需要，应尽量避免使用惯用语。

此外，语言表达中要注意惯用语使用的规范化问题，在普通话交际当中，尽量少用或不用地方色彩浓厚的惯用语，同时更要避免使用带有庸俗、低级趣味的惯用语。

第四节　歇后语

现代汉语词汇的熟语当中，除了成语和惯用语之外，还有歇后语这类特殊的固定短语。它在性质上和成语、惯用语有相似之处，但也有区别于它们的特殊表现。

在日常的口语交流中，我们会经常使用歇后语。例如：

骑驴看唱本——走着瞧

肉包子打狗——有去无回

千里送鹅毛——礼轻情意重

司马昭之心——路人皆知

出头的椽子——先烂

强扭的瓜儿——不甜

三十六计——走为上策

蚕豆开花——黑心

坟地里的夜猫子——不是好鸟

一条绳拴俩蚂蚱——谁也跑不了

从上例可以看出，这种固定短语的结构与成语和惯用语有明显的区别，即分为前后两个部分，前一部分使用比喻的说法或形象的表达，就像谜语的谜面一样，而后一部分才是说话人真正要表达的意思，用来解释说明前面的部分，就像谜语的谜底。歇后语最开始产生的时候，说话人在使用时只说前一部分，不说后一部分，让听话人自己去体会。而我们现在使用歇后语，后一部分可以说，也可以不说，如果不说就要让听话人去猜测说话人的真正意图。总之，后一部分才是表义的重点，所以，这样的固定短语就被称为“歇后语”。

歇后语的前一部分除了字面意义之外，还有隐含的意义，因此具有表义的双层性特征。歇后语的后一部分就是直接表达本意的，所以没有表义的双层性。

从类型上看，歇后语主要有比喻歇后语和谐音歇后语两类。“飞蛾扑火——自取灭亡”这个歇后语用飞蛾往火上扑的行为来比喻没有好结果，这是比喻歇后语。前面所举的例子，都是属于这类歇后语。而谐音歇后语则是利用音同或音近的关系表达真正的意义。例如：

外甥打灯笼——照旧（舅）

四两棉花——谈（弹）不上

下雨出太阳——假情（晴）

马店买猪——没那事（市）

山杏核——苦人（仁）儿

腊月天气——动（冻）手动（冻）脚

二三四五六七八九——缺衣（一）少食（十）

歇后语和惯用语一样，也具有鲜明的感情色彩。我们通过对歇后语内容的观察可以发现，歇后语在感情色彩上不是褒义就是贬义，不褒不贬的歇后语是很少见的。

贬义歇后语如：

要饭的看丈母——穷孝顺

眉毛上搭梯子——上脸

猪鼻子插大葱——装象

武大郎卖豆腐——人熊货软

褒义歇后语如：

鲤鱼跳龙门——高升

张飞绣花——粗中有细

小葱拌豆腐——一清二白

倒吃甘蔗——一节更比一节甜

没有感情色彩的歇后语如：

梁山的兄弟——不打不成交

虽然歇后语既有褒义的又有贬义的，但从总体数量上来看，贬义歇后语的数量要多于褒义歇后语。所以，我们说歇后语在感情色彩上是具有贬义倾向的。

从产生来源上看，歇后语源自于人们社会生活的方方面面。有的是对现实生活中的各种现象的概括和总结。例如：

中药铺里的甘草——用途广

茶壶里煮饺子——有口倒不出

有的则是人们想象的结果。例如：

麻布袋上绣花——底子太差

洗脸盆里游泳——不知深浅

高射炮打蚊子——大材小用

此外，也有来自于历史故事或神话传说的歇后语。例如：

韩信点兵——多多益善

鲁班门前弄大斧——不自量力

姜太公钓鱼——愿者上钩

在语言运用中歇后语具有特殊的表达作用。从表达效果来看，歇后语通过使用特殊的修辞手段来表示抽象的意义，体现出一定的艺术性。平常说“走着瞧”，歇后语则说“骑驴看唱本——走着瞧”，平常说“粗枝大叶”，歇后语则说“百年松树，五月芭蕉——粗枝大叶”。由此可见，歇后语能够形象生动地把抽象的道理变得通俗易懂。因此，歇后语的运用能够提高语言的表达效果，是一种积极的修辞手段。总而言之，因为歇后语丰富的形象感，尤其是它具有的谜语一样的性质，在使用时就会引起人丰富的联想，让人有意去猜测它的真实意义。同时，歇后语在使用上又能体现诙谐、风趣、幽默的特点，能够给人留下相对深刻的印象。在日常生活中，人们经常说的“俏皮话”，有很多就是歇后语，这是因为歇后语具有突出的俏皮、幽默、含蓄、风趣的风格特点。例如：

飞机上吹大号——高调

跳上舞台凑热闹——逢场作戏

在具体的语言交际中，要想表达急进而张扬的意思，可以直接使用“高调”这个词，要想表达“遇到机会，偶然玩玩，凑凑热闹”的意思，也可以直接使用“逢场作戏”这个成语。但是，语言使用者为什么没有选择现成的词或成语，而一定要使用歇后语来表达呢？这显然是因为歇后语具有明显的谐趣性。换句话说，歇后语在使用上就要表现出语言运用的诙谐风趣的特点。下面再举习近平总书记使用歇后语的例子：

越是面对成绩，越是要奋发进取。俗话说，桌子上唱大戏——摆布不开。澳门回归祖国15周年的实践证明，只要路子对、政策好、身段灵、人心齐，桌子上也可以唱大戏。

（《习近平在澳门特别行政区政府欢迎晚宴上的致辞》）

上例习近平总书记在正式的场合反用歇后语，表达“桌子上也可以唱大戏”的意思，并说出前提条件和理由，“只要路子对、政策好、身段灵、人心齐”，歇后语的使用增加了语言的风趣幽默感。

绝大多数歇后语都是由广大人民群众创造出来的。通过使用歇后语可以十分形象而诙谐地把意思表达出来，因此我们说歇后语反映了人们口头语言的生动性。如果我们在说话或写作的时候能够恰当地使用歇后语，就能够让我们的语言表达风趣动人，同时富有形象性。与之相反，如果我们滥用或不恰当地使用歇后语，就会给人带来低俗的感觉，从而使他人产生厌烦的情绪。

与成语相比较，歇后语的变化速度要更快一些，变化的幅度也更大一些。歇后语的产生历史很长，从古到今，歇后语成为广大人民群众经常使用的语言形式。唐宋时期，随着社会和经济的发展，歇后语的数量大大增加，被广泛地运用到文学作品中。到了近代和现代，新的社会生活又促进了歇后语的发展，带有新时代气息的歇后语不断产生，这样就使得歇后语的生命更加旺盛，最终成为现代汉语词汇单位的重要组成部分。例如：

八级工学技术——精益求精
机枪对炮筒——直性子对直性子
飞机上吹大号——高调
飞机打飞机——空对空
水兵的汗衫——满是道道
柴火上浇汽油——一点就着

歇后语的创造，一定要符合语言表达的实际需要。如有人在口语中使用“飞机炸茅房——激起民愤（粪）”这样的歇后语，从内容上看极其庸俗，并未遵守符合实际表达要求的原则；要想表达“激起民愤”的意思，也没有必要使用这样低俗的歇后语。这样的歇后语，不是社会生活所必须使用的，因此广大人民群众也不会选择使用它们。另外还有的歇后语，由于表达的思想内容是粗鄙不健康的，当然也就会被语言社会淘汰，如“乡下人进城——花了眼”“大姑娘裁肥裤——准备得早”“儿媳妇怀孕——装孙子”这样的歇后语，表达内容低俗，会让人产生低级庸俗的感觉。

虽然歇后语在使用中具有独特的表达效果，但却不能滥用，否则会产生贫嘴滑舌的感觉。另外，在运用歇后语时还应该注意以下几点。

第一，因为歇后语的取材来源于社会生活的各个方面，所以有的歇后语是产生于某个地域的，只有这个地域的人才能理解，其他地方的人理解起来会有困难。在普通话交际的层面，要尽量避免使用这样的歇后语。下面这条歇后语对于绝大多数人来说就是很难理解的：

青秫秸打箔——一路货

第二，因为歇后语所要表达的真正意义是在它的后一部分，所以如果省略后一部分，就会造成语义理解上的障碍，具体表现为以下两种情况：一种情况是，省略后一部分后，听话人不能理解歇后语的真正意义，就像上面的例子，如果在语言表达中只说“青秫秸打箔”，一般人是不知道其真正意义的；第二种情况是，不同的歇后语使用相同的前一部分，它们的区别是不同的后一部分，但是在语言运用中如果把后一部分省略掉了，那么就不能明确前一部分到底是表示哪种意思了，比如“月下提灯”的后一部分既可以是“多此一举”，又可以是“虚挂名（明）”，如果省略就会造成表达的混淆。所以，歇后语的后一部分通常情况下还是要出现的。当然，如果某个歇后语在日常生活中使用频率很高，或者它的意义不会引起歧解，那么这类歇后语的后一部分是可以“歇”掉的，如“大海里捞针”“小葱拌豆腐”“外甥打灯笼”等。

第三，创造新的歇后语时一定要做到：（1）歇后语的取材要反映广大人民群众的健康的社会生活或者来自于历史故事、神话传说等；（2）使用广大人民群众熟知的事情或历史典故；（3）不随意使用具有地域性的事物和事情；（4）要使用通俗易懂的词语；（5）歇后语后一部分的意义要自然、贴切。

第五节 谚语

广大人民群众在日常生活中经常使用这样一种说明事理的现成话，如“一个巴掌拍不响，一颗黄豆磨不成浆”，“人往高处走，水往低处流”等等，这就是所说的“谚语”。谚语是一种用简单通俗的话来反映深刻道理的固定语句。它和成语一样，也是现代汉语词汇的重要成员，而从产生的时间看它甚至比成语还要早。从命名上看，在所有熟语中它是最早得名的，并且一直沿用到了现在。先秦文献上经常看到的“俚语”“鄙语”“俗谚”“鄙谚”“俚谚”“语”等，与“谚语”所指都是一样的。综合起来看，谚语有三个特点。

第一，谚语是广大人民群众创造出来的，而且被人民大众广泛使用，是在语言的长期运用中逐渐约定俗成的一种固定短语。

第二，谚语在人们口头上广泛流传，从内容上看是对各种社会经验和事物规律的概括和总结。

第三，谚语在逻辑上看是表示判断和推理的，在形式上则是用短句的形式来表示的。

谚语在结构形式上的基本特征是“句子形式”。例如：

大丈夫能屈能伸

狗嘴里吐不出象牙

光脚的不怕穿鞋的

一年之计在于春

看树看根，看人看心

大路朝天，各走一边

千金易得，知音难求

师傅领进门，修行在个人

汉语谚语之所以具有“句子形式”的特征，这与谚语的形成过程关系密切。广大人民群众对社会生活和生产实践进行总结之后，最终用谚语的形式表达出来，因此，谚语在产生之初就是独立使用的一段话的形式。当然，这是从谚语的产生来说的，并不是说今天的谚语一定还是一个独立运用的“句子”。原因在于，谚语并不是简单地用一段话对事物进行概括说明，而是要经历人民群众的反复锤炼，并且在广大群众的口头上广泛流传和普遍使用，是人民群众集体创造的结果。在人们的广泛使用和反复锤炼过程中，谚语产生之初的句子形式逐渐定型，从而发展到今天，呈现出突出的“句子形式”特征。

通常来说，谚语在语法结构中体现三种功能。首先，谚语可以充当句子成分。例如：

你要永远记住：“好马不吃回头草！”

（《读者》2011 年）

> 有些人好像初生之犊不畏虎，摩拳擦掌地等待厮杀。（姚雪垠《李自成》）

其次，谚语可以是分句。例如：

> 一回生，二回熟，见一面就算老朋友。
> （杜鹏程《保卫延安》）

另外，谚语还可以是复句。例如：

> 韩秋云一梗脖颈子，打断了梁大牙的话头："大路朝天，各走一边。你去蓼城吧，我到梅岭去，咱们分开走。"（蒋晓勤等《历史的天空》）

第一句中"好马不吃回头草"作宾语，第二句中"初生之犊不畏虎"作谓语；第三句中"一回生，二回熟"则是充当分句。在这两种情况中，都很难说谚语是一个独立的句子。第四句中"大路朝天，各走一边"则是充当句子，这时的谚语虽然具备了一个表义完整的句子的句调和语气，但我们说这也只是该谚语在特定的表达中临时获得的，原因在于同样的谚语，运用在其他语言环境中，则还可能具有其他类型的句调和语气，也有可能像前面几个例子一样，只能充当句子成分或分句，即没有形成独立的句调和语气。

谚语在语义内容上看，是人民群众对社会生活的实际经验和客观规律的深刻认识的概括和总结。所以，谚语具有知识性特征。

谚语对实际经验和客观规律的认识进行概括和总结会涉及社会生活的各个方面，根据其语义内容大体可以将谚语划分为以下五种类型：

农　谚：间苗要间早，定苗要定小

　　　　麦盖三场被，枕着馒头睡

气象谚：有雨山戴帽，无雨云拦腰

　　　　日晕三更雨，月晕午时风

讽诫谚：宁吃开眉粥，不吃皱眉饭

　　　　宁走十步远，不走一步险

风土谚：泰山看山，曲阜看古

　　　　湖广熟，天下足

常识谚：一艺不通一世穷

　　　　有理走遍天下，无理寸步难行

第一类是农谚。反映和总结农业生产规律的谚语，就是农谚。我国是农业大国，农业资源十分丰富，从事农业生产的人口众多。各个时代的农民在常年的农业生产中，通过自己的亲身实践，获得了宝贵的农业生产经验，探索出与农业生产相关的各种规律。他们把这些经验和规律通过生动形象的语句表达出来，就创造出了汉语中丰富多彩的农谚。

农谚是广大劳动人民智慧的结晶，在某种程度上具有一定的科学性，因此是我国农业科学资料的组成部分。例如“桃三杏四梨五年，枣树当年就换钱，想吃核桃十八年”，这个谚语比较准确地说明了各种果树种植结果的时间，具有一定的科学性。

农谚具有明显的地方性特征。原因在于农业生产是受不同地域的限制的，不同地域的气候、土壤、作物以及耕种习惯等都会影响到农业的生产。例如“秋收不耕地，来年不能定主意”，这个谚语反映的是北方冬季农闲不种地，是一年一熟的耕作状况，它不符合南方的耕作实际，因此只是适用于北方的谚语。因此，在运用农谚时一定要知道它的使用地域，不能随意滥用。

第二类是气象谚。气象谚也被称为“天气谚”，它是广大劳动人民对天气变化的经验总结和认识概括。绝大多数的气象谚都是经过长期的生活实践反复验证而得来的，能够比较准确地反映天气变化的规律，因此也是具有一定科学性的，是我国气象科学资料的重要组成部分。天气变化各种各样，不同地域的天气差别很大，各有特点。因此，气象谚也会呈现明显的地方性特征。在气象谚中只有少数是适用于全国范围的，如“朝霞不出门，晚霞行千里”“空中鱼鳞天，不雨也风颠”等。具有地域性特征的气象谚，其使用范围也是不一样的，有宽有窄。例如“春得一犁雨，秋收万担粮”“秋分不起葱，霜降必定空”，适用于北方地区，尤其是东北广大地区，但却不符合长江以南的广大地区。而“鹰过要天晴，雁过黑沉沉”“虹出东要下雨，虹出西要天晴”只说明云贵川等地山区的天气变化，不适合平原地区。

第三类是讽诫谚。讽诫谚从内容上分为“讽劝”和“训诫”两种类型。“讽劝”是赞扬歌颂正义的人和事，批评反对恶人恶事。“训诫”则是告诉人们在社会生活中应该怎么做，不应该怎么做，教育指导人们应该怎样对待他人和生活，树立正确的世界观和是非观。

人们所处的社会不同，每个人的世界观和是非观也会各不相同，所以判定“讽劝”和“训诫”的标准也不相同。因此，讽诫谚所表达的内容既有正确的，也有不正确的。例如

“有钱能使鬼推磨”“人生在世，无非是戏”“十个瘦子九个贫，一个不贫有精神”“是狗改变不了吃屎”“人穷志短”等，反映的思想内容都是不正确的。有的讽诫谚则是能够体现正确的世界观和是非观的。例如“望梅难止渴，画饼难充饥”“虚荣摆浪，出尽洋相”“薄纸里包不住火，纱布里盛不了水”“人在苦中炼，刀在石上磨”等。

总而言之，讽诫谚能够表达爱憎分明的思想感情，恰当地运用可以提高人们的思想认识，具有积极的表达效果。

第四类是风土谚。风土谚是对某个地域的风土人情、景物、特产等特点的反映和总结。风土谚内容丰富驳杂，具有浓厚的地域色彩。其中有用来说明地方物产的如“东北有三宝，人参、貂皮、乌拉草”，有说明地理环境的如“山北黄牛下地，山南水牛犁田”（说明秦岭地区独特的地理景色），有总结地方风俗人情的如“秦岭山脉一条线，南吃大米北吃面”“南甜北咸，东辣西酸”，等等。

风土谚经常使用精简概括的语言形式，来说明各地的风土习惯、物产特点等，能够给人留下极其深刻的印象。这类谚语能够增加我们对我国各地的风土人情和物产特点的了解和认识。

第五类是常识谚。常识谚是对日常生活中的某些知识进行总结的谚语。日常生活涉及的范围非常广泛，包括人们日常生活的各个方面，如衣食住行、柴米油盐，等等。因此，在汉语谚语中常识谚的数量也是很大的。常识谚总结人们日常生活的各方面经验，告诉人们应该做什么，不应该做什么。例如，“一顿吃伤，十顿吃汤”就告诉我们在日常生活中要注意不能暴饮暴食，否则对身体的伤害是极大的。又如“大蒜是个宝，常吃身体好”告诉我们经常吃蒜对人的身体是有益处的。

总而言之，谚语的知识性特征能够很容易地把谚语同成语、惯用语、歇后语等其他熟语区别开来。反过来说，如果不能表达知识性内容，那就不能进入谚语的行列。

谚语在使用中具有突出的口语化色彩。汉语中的谚语绝大多数都是广大人民群众在口头上创造出来的，同时也在口语中一代一代相传下来。例如：

以眼还眼，以牙还牙

宁肯给君子提鞋，不肯和小人同财

鼓不敲不响，理不辩不明

在这些谚语上，我们可以明显地看到它们生动活泼的通俗性和鲜明的口语化特征。当然，谚语的口语化特征，是针对谚语产生的时代来说的，是结合谚语的整体来说的。在现代汉语的谚语中，有些谚语的产生年代已经很远，随着语言的发展变化，我们现在使用它们的时候，会很明显地看到它们产生的那个时代的语言特征。例如：

臣闻鄙谚曰：“宁为鸡口，无为牛后。今大王西面交臂而臣事秦，何以异于牛后乎？”

（《战国策·韩策一》）

“宁为鸡口，无为牛后”这个谚语，我们今天读起来会感受到很明显的文言色彩，但是对于它产生的那个时代来说，却是在口头上使用的语言形式，我们不能因为这类谚语的存在就来否定谚语的口语化特征。

在语言表达中，我们使用谚语，是为了向他人证明自己的观点，从而增强自己话语的说服力。例如：

> 俗话说："酒壮将军胆"啊！古代的大将张飞，有万夫不挡之勇，能在万马军中取上将首级。
>
> （高阳《努尔哈赤》）
>
> 译登巴尔看了一眼裕楞额，又望望诸位将领后，说道："你让俺去，俺是什么身份？俗话说：'名不正，则言不顺；言不顺，则事不成。'"
>
> （高阳《努尔哈赤》）

第一句在表述主要内容之前使用谚语"酒壮将军胆"，第二句则是在陈述主要内容之后使用谚语"名不正，则言不顺；言不顺，则事不成"，不管它们的位置在前，还是在后，都是在用大家约定俗成的公理性的语言形式来证明自己话语的有效性。这就是谚语的引证性特征。

在谚语的具体运用中，我们还会经常用到提示语。所谓提示语是指在谚语等俗语之前所使用的像"俗话说、常言道、老话说"这样的提示性词语。例如：

> 俗话说：仇人见面，分外眼红。努尔哈赤拍马舞刀，单枪匹马，直冲而去。　（高阳《努尔哈赤》）

这里"俗话说"就是谚语使用时前加的提示语。谚语中提示语的存在，一方面是由于古代谚语在使用时会加上"谚曰、俗云、俚语曰、俗谚云"一类的提示语，到现代汉语阶段继承下来，另一方面与谚语语义内容的知识性特征及其使用上的引证性特征关系密切。

谚语长期地在广大地区流传，经过不断的锤炼，意思表现得比较精练形象。通常来说，内容健康的谚语表现的意思常常是大家公认的道理，从表达上看又十分精练而生动，所以往往可以增强话语的表现力和说服力。

同时，在引用谚语的时候，还应该注意摒弃使用内容不健康的谚语。古时候产生的某些谚语，其内容与社会主义核心价值观不符，我们应该学会辨别并避免使用。例如，“人不为己，天诛地灭”“多一事不如少一事”等谚语就反映了利己主义、自私自利的思想观念，在语言运用中应该尽量避免使用。

第六章　新词语及其运用

第一节　新词语概述

一、新词语的性质

衡量新词语的“新”标准有两个：一是新词语创制时间，二是新词语的新鲜度。从第一个标准看，所有新近创制的词语，大都可归至新词语这个范围，收取它们的工具书不能以它们可能是“言语的单位”或“不稳定的单位”等理由加以排拒。使用时间很短的词语也同样是词语，从研究的角度看，它们与已存在的词语具有同等的价值。从第二个标准看，词语新鲜度与使用者心理主观判定有关，一般采取从众原则。若某个词语在多数使用者心里仍具有新鲜度，则该词语就仍属新词语；若某个词语在多数使用者心里毫无新鲜度，那该词语不宜认定为新词语。词语的新鲜度是有时代性的。通常来看，社会发展迅速，新词语创制数量会增多，新旧词语替换比例升高，新词语新鲜度退去得愈快；相反地，社会发展缓慢，新词语创制数量随之减少，新旧词语替换比例降低，新词语新鲜度退去得也就愈慢。在相对封闭的社会里，某个词语从创制到全民熟知所需时间远比一个相对开放的社会要长，因而，该词语在封闭社会里的新鲜度要比在开放程度高的社会里消亡得慢。相对封闭的社会，新词语的产生也不会是全方位的，因此，已存在的词语为新词语所替换的概率不高。社会发展健全与否对新词语的创制、发展影响巨大。治理混乱的社会，与正常的社会相比，其新词语创制的数量同样很多。但是，治理混乱的社会所产生出来的新词语多侧重于政治类，在社会其他领域产生的新词语数量不会太多。而当社会在正常轨道发展的时候，新词语往往是立体化的，反映在词典编纂上，新词语类工具书的出版也会增多。据不完全统计，改革开放以来，第一部新词语类的工具书是 1987 年出版的，截至目前，新词语类工具书出版近百部。当然，最能及时地反映新词语出现的状貌的不是长时段的新词语词典，而应是短时段的新词语词典，如已出版的“1991—1994 年”“2006—2020 年”年度新词语词典及新词语编年本等。

新词语既然从本质上说是一种过渡性词语，研究且使用新词语必须要具备时限的概念，即：任何词语都不可能永远是“新”词语；过了一定的时限，所谓“新”词语就不再是“新”词语，至少应与更新的“新词语”有所区分。前面说过，新词语的“新”在判定上有两个标准，一是词语创制时间，二是词语新鲜度。超出一定时限的词语不宜再看作新词语，如研究 21 世纪的汉语新词语时，仍会有人将 20 世纪 60 年代的“圈阅、忆苦思甜、资反路线”，70 年代的“白卷英雄、工农兵学员”，80 年代的“四小龙、万元户、改革开放、三资企业”等视作新词语，这显然是不恰当的。一个词语若在词汇系统中存在二三十年，其新鲜度会渐渐退去；一个词语若在词汇系统中已有半世纪或更长时间，它不但不再适合称作新词语，甚至可直接认定为旧词语。而20世纪最后10年出现的词语，如“动车、特首、探月工程、长二捆火箭”等，进入21世纪以来出现的词语，如“高端、裸退、微博、两个务必”等，至今的新鲜度仍较高，故仍属新词语研究的范围。新词语的时限，不同人的看法也不相同。有人认为20年，有人认为10年。标准不同，划定时限长短自然不同。值得注意的是，随着社会飞速发展，新词语的创制速度也在不断提高。20世纪中叶，一个词语创造出来后，要经过很长一段时间才能为社会和广大民众所了解、掌握。因为当时只有纸质书籍报刊等平面媒体，信息技术不发达，受众接受新词语的速度非常缓慢。而进入21世纪以来，网络等通信技术发展日新月异，信息传播速度大大提高，一个词语一旦创制出来，短时间内便可以迅速传播。因此，21世纪新词语的新的时限已比20世纪大大缩短了。

新词语具有时代性。在汉语史的不同时期，都有反映某一时期特色的新词语。例如，西周时期反映祭祀的“盥、祼、社、瘗”等，战国和秦时期反映官吏制度的“司田”（掌农务）、“田师”（掌农事）、“铁官”（掌铁器铸造）、“甬官”（掌徭役）、“渔师”（掌渔业）、“宰尹”（掌膳食）等，东汉时期反映文化思想的“谶记”（记录谶语的书）、“图纬”（图谶和纬书）、“遗谶”（前人留下的预言吉凶得失的谶言）等，魏晋时期反映魏晋赋税的“关税、户调、息调”等，南北朝时期反映商业发展的“贩酤、和市、典当、街肆、盐利”等，唐代反映法律的“定罪、官当、散禁、元谋、加役流”等，明代反映店铺名称的“篦头铺”（理发店）、“六陈铺”（以粮食为主营项目的杂货铺）、“倾银铺”（熔铸银锭的铺子）等，民国时期反映政治的“独裁、强权”等。

二、新词语的词长

以《汉语新词语词典（2000—2020）》收条为例，从词长看，新词语词长与既有词语词长不尽相同。与既有词语相比，单字新词语数量最少，双字格及以上的多字格新词语数量占优。因为新词语创制的材料仍是汉语的，所以从单字格到多字格不等。单字格的，如“怼、尬、囧、槑、偶”等；双字格的，如“发飙、脑洞、屏保、人设、云轨”等；三字格的，如“乐淘族、朋友圈、申根区、微电影、中国红”等；四字格的，如“地摊经济、刚需客户、脑洞大开、生态移民、移动支付”等；五字格的，如“爆米花电影、地球一小时、高铁经济带、全民健身日、丝路经济带”等；六字格的，如“国家公园体制、景区拥挤指数、人类泛基因组、三去一降一补、五大发展理念”等；七字格的，如“独生子女护理假、非物质文化遗产、京津冀协同发展、老虎苍蝇一起打、人类命运共同体”等；八字格的，如“公共行为文明指数、中国汉字听写大会”等；十三字格的，如“南京大屠杀死难者国家公祭日”。作为新词语的单字格数量虽少，但规律性较强，即大多属旧词新义，在虚拟的网络空间或新的语境下，这些单字格新词语常被赋予新的意义。例如“菜”，常用于口语，指“能力差；水平低；质量低”。又如“尬”，原用于联绵词“尴尬”中，现独立为成词语素，如“尬聊、尬笑”等，有时“尬”也以词的身份单独出现，如“尬出天际！没演技还轧戏，他被连环吐槽”。

三、新词语的词类

从《汉语新词语词典（2000—2020）》收条的词类看，新词语词类与已存在于词汇系统的词语相比，由于新事物和新概念的大量产生，与之相对应的名词性新词语最多，叹词和拟声词在新词语的占比中相对较小。由多至少，依次为名词、动词、形容词、区别词、副词、量词、代词、数量词、叹词、拟声词等。名词如“梗、轨交、京漂、驴友、贺岁档、健康码、起征点”等；动词如“刷、扫、互怼、恐归、慢就业、逆迁徙”等；形容词如“萌、烎、酷毙、酷炫、有范儿、萌萌哒”等；区别词如“低碳、顶配、佛系、高仿、律政、欧版、全驱、土味、点穴式、概念版、旗舰版、引领型”等；副词如“花式、场均、分分钟、弱弱地”等，“秒开”中的“秒”也是副词；量词如“微西弗、毫西弗、毫希沃特”等；代词如“偶（指‘我’）、神马（指‘什么’）”等；数量词如“一票、一大票”等；叹词如“耶、吔”等；拟声词如“么么哒、呵呵”等。从词类分布看，新词语基本涵盖了实词和虚词的大部分类别。其中，实词中的名词和动词是开放度最高的词类，能产性最强。实词中的形容词能产性次之。副词、叹词、拟声词等虚词开放度较低，能产性较弱。

四、新词语的构成

以进入21世纪以来的当代汉语新词语为例，其文字书写系统较之汉语史以往时期所出现的新词语而言，发生了不少新的变化。在同质化的汉字作为书写符号的基础上，出现了字母、数字、符号等其他的异质成分。具体说来，除了由单一汉字构成的新词语外，这一时期还出现了如下一些新的文字书写类型，如由汉字、字母、数字三种成分构成的“A4 腰、3C 认证、5G 元年、H7N9 禽流感、甲型 H1N1 流感”等；由汉字、字母两种成分构成的“K 歌、hold 住、U 盾、Z 世代、VR 眼镜、MSCI 指数”等；由汉字、数字两种成分构成的“85 后、20 国集团、24 小时店、37 度婚姻、1 号病人、欧 6、中国制造 2025”等；由字母、数字两种成分构成的“4K、H5、G7、G20”等；由汉字、符号两种成分构成的“旅游 +、智能 +、中文 +、互联网 +”等；由数字、符号两种成分构成的“5 + 2”等；由字母成分构成的“CVC”（信用卡验证码，英语 card verification code 的简称）、“HSK”（“汉语水平考试”的拼音首字母简称，旨在为母语为非汉语的学习者而设立的一种国际汉语能力标准化考试）、“ing”（原指英语中用以表示进行时态的语法手段，现常用在表示动作或行为的汉字词后，表示动作或行为正在进行）、“IPTV”（网络电视，英语 internet protocol television 的简称）等；由数字成分构成的“4”（英语 for 的谐音）、“286”（借指人的智力水平如同运行速度缓慢的 286 处理系统，反应迟缓）、“5156”（无忧无虑）等。

五、新词语的创制

新词语的创制指新词语的造词法。传统造词法主要表现在音、义、形三个方面。其所对应的分别为语音滋生法、仿拟类推法、内在衍生法三种。

语音滋生法，又可分音近衍生法、音变滋生法、歧音造词法、分合造词法、谐音造词法等诸多次类。音近衍生法如“三更半夜”和“深更半夜”，显然“深”受“三”音近影响而产生。音变滋生法如“角落”和“旮旯”，人们依照“角落”的古时发音，用新造字“旮旯”将其吸纳到词汇系统之中。歧音造词法如“角色”和“脚色”，“角”有 jué 和 jiǎo 两个发音，人们借用“角（jué）色”中“角”的另一音 jiǎo 而创制了“脚色”。分合造词法如“兵”拆分为“丘八”，“三个”合为“仨”。谐音造词法如“韩流”，来自“寒流”一词。

仿拟类推法，其可下分为不同的次类。因字形相近而造，如“唾”和“垂”字形相近，故由“唾手可得”造出“垂手可得”。因语义相近而造，如“东施”借“西施”语义仿拟而来。仿拟类推法能产性强，围绕某个中心语素，往往可以在短期内类推出大量新词语。例如“云”（名词，意为网络的，线上的），其可类推出“云逛、云课、云盘、云商、云游、云安全、云按揭、云办公、云备份、云答辩、云电视、云峰会、云复工、云会议、云技术、云计算、云经济、云闪付、云生活、云时代、云物流、云吸猫、云养妈、云医院、云战略、云招聘”等。

内在衍生法，其可下分为拟音法、喻借法、简缩法、逆序法、数字概括语等不同次类。拟音法如出自《诗经》的“叟叟、交交”。喻借法如“门房”，其由“大门口看门用的房子”可转指为“看门的人”，这是一种以物代人的借代。简缩法如“董监高（董事、监事和高级管理人员的合称）、独董

（独立董事）、官网（官方网站）、旧改（旧房改造）”等。逆序法如具有同义关系的“代替—替代、相互—互相”等。数字概括语如“八荣八耻、十六字方针”等。“八荣八耻”指“以热爱祖国为荣，以危害祖国为耻；以服务人民为荣，以背离人民为耻；以崇尚科学为荣，以愚昧无知为耻；以辛勤劳动为荣，以好逸恶劳为耻；以团结互助为荣，以损人利己为耻；以诚实守信为荣，以见利忘义为耻；以遵纪守法为荣，以违法乱纪为耻；以艰苦奋斗为荣，以骄奢淫逸为耻”，“十六字方针”指“长期共存、互相监督、肝胆相照、荣辱与共”。

进入21世纪以来，新词创制方法呈现多样化。其中较常见的是空位造词、词语模造词、简缩造词、借形造词、隐喻造词等。

空位造词指原本并无固定词形，意义上与其对立或互补的另一新词出现后，其词形才由此创制而来，成为后起的新词语。例如“实体店”，与“网店”在意义上形成对立。但是，“实体店”的意义早已有之，“网店”一词出现后，为凸显与其意义对立的另一词，“实体店”才由此应运而生。又如“学硕”，与“专硕”形成意义上的对立。硕士阶段原本就重在培养专业领域偏重学术的高层次人才，但自从应用型的“专硕”进入招生目录后，意义上与其对立的旨在表达偏重学术型的“学硕”才由此创制而出。其他如“女模、手洗、堂食、纸考、异性恋、显规则”等皆属此类，作为空位造词，它们分别与“男模、机洗、外卖/打包、机考/网考、同性恋、潜规则”形成意义上的对立或互补。

词语模造词依据待嵌的位置，可分为前空式、中空式和后空式三种。前空式词语模如“～吧、～客、～控、～门、～奴、～族、～二代、～效应”等，中空式词语模如“禁～令、去～化、限～令”等，后空式词语模如“被～、房～、零～、裸～、微～、云～、低碳～、数字～”等。此外，某些结构模也在这一时期大量造词。例如“ABB”式的“范跑跑、楼倒倒、楼晃晃、楼歪歪、爽歪歪”等，表示物价涨幅的“鸽你肉、姜你军、煤超疯、苹什么、糖高宗、虾死你”等。

简缩造词能产性高，来源广泛。例如，生活类的“房补、电诈、公考、杰青、网暴、经适房、业委会”等，政治类的“国祭、维稳、双下沉、两提升、两个维护、三个代表、两个一百年”等，经济类的“电商、房企、风控、小微、央企、综试区”等。进入21世纪以来，简缩式造词法呈现出一些新的变化。例如“称谓简缩”，随着社会发展，冠以各种头衔的称谓在言语交际中大量涌现。为表现出亲切，在经济原则的作用下，大量“姓氏+简缩头衔”的新词语出现，如“A校”（A校长）、“B处”（B处长）、“C局”（C局长）、“D院”（D院长）、“E总”（总监/总编辑/总导演/总经理/总工程师/总指挥）等。又如“SVO”（主语+谓语+宾语）式新词语的简缩，如“村改居”（农村户口改为居民户口，村委会改为居委会）、“高参小”（北京市教委主导的“高等学校、社会力量参与小学体育美育发展”项目）、“经转商”（经济适用房转为商品房）、“营改增”（营业税改增值税）、“幼升小”（幼儿园或学龄前儿童升小学）等。

借形造词主要包括日源新词语和英源新词语。日源新词语如“断舍离、中二病、佛系”。“断舍离”指一种新兴的生活理念，其中“断”即断绝不需要的东西，“舍”即舍弃多余的物品，“离”即脱离对物质的执着，由日本杂物管理咨询师山下英子提出。“中二病”（又称初二症）指的是青春期少年特有的自以为是的思想、行动和价值观。该词源于日本，“中二”即初中二年级的意思，是由日本艺人伊集院光于 1999 年 1 月 11 日在广播节目《伊集院光深夜的马鹿力》中首次提出。“佛系”指无欲无求、不悲不喜、云淡风轻而追求内心平和的生活态度，2014 年源于日本某杂志。在此基础上，该词还衍生出了“佛系青年、佛系女子”等一系列网络新词语。其他还有“番剧、吐槽、御姐、正太、宅男、钝感力、卡哇伊、治愈系”等都是日源新词语。

英源新词语指字母词或由数字与字母组合而成的新词语。进入 21 世纪以来，随着新技术、新概念的大量涌现，英源借形新词语数量呈逐年递增趋势，如“COVID-19、AR、DJ、CCC、GB、HR”。“COVID-19”指新型冠状病毒感染，汉语简称“新冠感染”。2020 年 2 月 11 日，世界卫生组织总干事谭德塞在瑞士日内瓦宣布，将新型冠状病毒所致疾病命名为“COVID-19”。2022 年 12 月 26 日，中国国家卫生健康委员会发布公告，将“新型冠状病毒肺炎”更名为“新型冠状病毒感染”。“AR”是英语 augmented reality 的缩写，意为增强现实，是一种在真实场景中增加虚拟物体显示的技术。该技术将真实的环境和虚拟的物体实时地叠加到同一个画面和空间，可使用户感受到在现实世界无法实现的感官体验，也译为“增强实镜技术”。“DJ”是英语 Disc Jockey 的缩写，指迪厅、酒吧等场所的碟片放映员，也指电视或广播的节目主持人。

“CCC”是英语 China compulsory certification 的缩写，意为中国强制性产品认证，也称“3C 认证”。“GB”是英语 Gigabyte 的缩写，是数据存储单位，即千兆字节，数据存储单位从小到大依次是 B、KB、MB、GB、TB、PB，每个单位都是前一单位的 1024 倍。“HR”是英语 human resource 的缩写。其他还有“APP、BBQ、IPTV、MVP、NG、QS、VAR、WiFi”等都是英源新词语。

隐喻造词。隐喻与比喻类似，都是通过类比的方式来说明事物之间的相似性，但隐喻更加间接和隐蔽，不需要直接指出比较的两者之间的相似性。隐喻造词是指用隐喻方式创造新词语的一种语言现象。隐喻造词可以用来表达一些抽象的概念或情感，使语言更加生动、形象。隐喻作为人类认知世界的基本方式，是汉语旧词新义实现的重要途径。例如，“菜”指水平低、能力差或质量不好；“潜水”指在论坛或 QQ 群等社交网站中只看不发言；“打卡”指去某地或做某事时，用拍照、发微信等形式记录下来；“后浪”比喻年青一代（与“前浪”相对）；“鸟巢”指位于北京的中国国家体育场，因外形酷似树枝搭成的鸟巢，故称；“破冰”比喻打破现存局面，进行新的尝试；“舌尖”借指饮食和吃喝；“水军”指受雇于网络公关公司，以发帖、回帖或发布网文为主要手段，为客户进行网络造势的人，因在网络上大量发帖被网民称为“灌水”，故称。其他还有“板砖、井喷、空降、压哨、中枪”等都属此类。

六、新词语的语体、领域归属及其和网络用语的关系

从语体上看，口语体新词语因在口语交际中使用频率很高，往往单独列出。例如，“撕”多用于口语，意为双方互相攻击揭短；“翻篇”多用于口语，指成为过去，不再回忆或提及（口语中也常说“翻篇儿”）；“掐架”多用于口语，指争吵或打斗；“认怂”多用于口语，意为承认自己软弱无能；“上眼药”多用于口语，意为用打小报告等手段中伤或陷害他人，使其难堪；“偷着乐”多用于口语，指暗自高兴；“找抽”多用于口语，意为自找麻烦，自己找打；“一级棒”多用于口语，意为特别好。

从领域归属看，新词语除了日常生活的普通词语外，也含有大量各专业领域的术语。例如，经济学术语“红海”指竞争激烈的领域，与“蓝海”相对；股市术语“牛散”指因持仓量巨大而出现在上市公司“十大流通股股东”名单中的自然人；股市术语“ST”是英语 special treatment 的缩写，指退股预警，标在连续三年亏损、即将退市的股票前，提醒投资者这只股票的风险；医学术语“新冠”是新型冠状病毒或新型冠状病毒感染的简称；医学术语“ECMO”指体外膜肺氧合，是一种医疗急救方法，主要通过人工心脏和人工肺为重症心肺功能衰竭患者提供持续的体外呼吸与循环。“新冠病毒、新冠疫苗、猪流感、H7N9 禽流感、SARS”等都是医学术语。又如，汽车术语“CVT”指无级变速器，是英语 continuously variable transmission 的缩写；汽车术语“DCT”指双

离合变速器，是英语 dual clutch transmission 的缩写；汽车术语“EBD”指电子制动力分配系统，是英语 electronic brake force distribution 的缩写；区块链行业术语“ICO”指首次公开募集数字货币，是英语 initial coin offering 的缩写；环境科学术语“PM_1、PM_{10}、$PM_{2.5}$”等，其中的“PM”是英语 particulate matter 的缩写，“$PM_{2.5}$”指细颗粒物，即在空中漂浮的直径小于等于 2.5 微米的颗粒物，它能较长时间悬浮于空气中，其在空气中含量浓度越高，就代表空气污染越严重。

网络用语是新词语的重要组成部分。例如，“安利”指真诚推荐，努力推荐，源自于安利公司的销售特点。安利公司是全球十大直销公司之一，在推销其产品时具有“不厌其烦”“不达目的不罢休”的特点。又如，“踩”表示不满意、不支持或反对（与“顶”或“赞”相对）；“打酱油”指路过，表示事情与自己无关；“带货”指公众人物对某商品的使用与青睐引起消费者的效仿，带动该商品的销售；“呵呵”为拟声词，原模拟笑声，现多含有敷衍、嘲讽等色彩；“鸡娃”用于称被父母催促，不停地参加各种学习活动，亢奋得就像打了鸡血一样的孩子；“锦鲤”原指一种色彩斑斓的观赏鱼，现借指一切跟好运相关的事物，如有好运的人，或可带来好运的事情；“开外挂”原指玩电脑游戏时使用作弊软件，以取得好成绩，比喻超常发挥、超水平表现，简称为“开挂”。其他还有“顶、槑、偶、燃、衰、挺、烎、出圈、顶流、尬聊、恐龙、泪奔、男频、女票、拍砖、抛梗、喷子、弃疗、青蛙、土味、脱粉、醉了、月欠族、细思极恐”等都是网络新词语。

第二节　新词语的运用

随着新词语的大量涌现，词语使用的规范工作也要及时跟进。文字工作者、各层次学校的教师和学生都应注意词汇，尤其是新词语的规范使用。公开发表的图书报刊是传播新词语的重要阵地，对新词语的正确使用也起到了重要的示范作用。一般来说，有影响力的大众媒体及政府官方平台，在新词语的运用方面相对来说是比较规范的，而产生于特定群体或网络上的新词语，体现了使用者求新求异的心理特点，在使用方面往往缺少相应的规范。

政治类新词语常常有自身的一些发展特点。我们结合不同时期党代会报告中的新词语可以观察到政治类新词语运用的一些特点。

新时代容易催生出各个领域的大量的新词语。20 世纪 80 年代，党的十二大报告（1982 年）中出现的新词语如“拨乱反正”，原句“我们已经在指导思想上完成了拨乱反正的艰巨任务，在各条战线的实际工作中取得了拨乱反正的重大胜利，实现了历史性的伟大转变”。这次报告的其他新词语有“经济效益、市场调节、经济管理体制、计划经济、社会主义物质文明、精神文明、攻关、经济责任制、经济杠杆、对外开放、正规化、四项基本原则、资产阶级自由化、联产计酬、小康水平、生态平衡、四个现代化、计划生育、计划生育工作、‘全国一盘棋’的思想、内需、集资、经济体制改革、价格体系、市场预测、流通渠道”等。党的十三大报告（1987 年）

中出现的新词语如“改革开放”。原句“坚持改革开放的总方针，是十一届三中全会以来党的路线的新发展，它赋予四项基本原则以新的时代内容”。这次报告中用到的其他新词语有“社会主义初级阶段、对外开放、开放、产业结构、经济效益、新技术革命、缓解、社会总需求、乡镇企业、有中国特色的社会主义道路、经济发展战略、经济特区、经济体制改革、精神文明建设、两个基本点、农村产业结构、社会主义的初级阶段、社会主义精神文明建设、小康生活、小康水平、一国两制、资产阶级自由化思想”等。

20 世纪 90 年代，党的十四大（1992 年）召开，这次报告使用的新词语有“改革开放，四项基本原则，对外开放，有中国特色社会主义理论，一个中心、两个基本点，社会主义市场经济体制，廉政建设，社会主义精神文明，精神文明，物质文明，经济特区，精神文明建设，综合国力，经济开放区，异军突起，乡镇企业，双层经营，和平与发展，对内搞活”等。例如，“有中国特色社会主义理论”所在的原句“十四年伟大实践的经验，集中到一点，就是要毫不动摇地坚持以建设有中国特色社会主义理论为指导的党的基本路线”。党的十五大（1997 年）报告中出现的高频新词语有“邓小平理论”等，“邓小平理论”所在原句“坚持十一届三中全会以来的路线不动摇，就是高举邓小平理论的旗帜不动摇”。这次报告出现的其他新词语有“股份制、三个有利于、社会主义法治国家、社会保障、香港回归、一国两制、再就业工程”等。

进入 21 世纪以来，党的十六大（2002 年）报告中，新词语有“力度、优化、有序、信息化、改革开放、决策机制、世贸组织、文化产业、反腐败斗争、世界多极化、高新技术产业、‘三个代表’重要思想”等。例如，“优化”所在的原句“在优化结构和提高效益的基础上，国内生产总值到二〇二〇年力争比二〇〇〇年翻两番，综合国力和国际竞争力明显增强”；“推进产业结构优化升级，形成以高新技术产业为先导、基础产业和制造业为支撑、服务业全面发展的产业格局”；“稳步推进利率市场化改革，优化金融资源配置，加强金融监管，防范和化解金融风险，使金融更好地为经济社会发展服务”；“优化进口结构，着重引进先进技术和关键设备”；“要随着经济发展不断增加城乡居民收入，拓宽消费领域，优化消费结构，满足人们多样化的物质文化需求”；“优化人大常委会组成人员的结构”；“优化人员结构”；“优化教育结构”；“优化军队的编成和结构”等。

党的十七大（2007 年）报告中，新词语有“人文关怀、生态文明、文化软实力、心理疏导、中国特色社会主义理论体系”等。其中，“人文关怀”和“心理疏导”为中共党代会首次使用的词语。其所在的原句为“加强和改进思想政治工作，注重人文关怀和心理疏导，用正确方式处理人际关系”。有分析认为，“人文关怀”和“心理疏导”表达了中国共产党“思想政治工作的新变化”，显示了中国共产党“严肃的思想政治工作开始关心人内心的感受，这拉近了执政党与人民的距离”。此外，这次报告中首次使用了“生态文明”一词，其所在原句为“建设生态文明，基本形成节约能源资源和保护生态环境的产业结构、增长方式、消费模式”。“生态文明”是继“物质文明、精神文明、政治文明、社会文明”之后所提出的又一重要文明。有分析指出，“生态文明”体现了中国共产党执政兴国理念的新发展，是党的科学发展、和谐发展理念的一次升华，是为广大人民群众谋福祉理念的重要体现。再如“文化软实力”，其所在原句为“要坚持社会主义先进文化前进方向，兴起社会主义文化建设新高潮，激发全民族文化创造活力，提高国家文化软实力，使人民基本文化权益得到更好保障，使社会文化生活更加丰富多彩，使人民精神风貌更加昂扬向上”。这次报告在论述“文化”时，除“文化软实力”外，还使用了“文化产业群、文化创造活力、文化生产力”等新词语，如“文化产业群”所在原句为“大力发展文化产业，实施重大文化产业项目带动战略，加快文化产业基地和区域性特色文化产业群建设，培育文化产业骨干企业和战略投资者，繁荣文化市场，增强国际竞争力”。

党的十八大（2012 年）报告中，新词语有“海洋强国、美丽中国、人类命运共同体、五位一体”等。其中，“美丽中国”是在此次报告中首次作为执政理念出现的，所在原句为“面对资源约束趋紧、环境污染严重、生态系统退化的严峻形势，必须树立尊重自然、顺应自然、保护自然的生态文明理念，把生态文明建设放在突出地位，融入经济建设、政治建设、文化建设、社会建设各方面和全过程，努力建设美丽中国，实现中华民族永续发展”。又如“五位一体”，是这次报告中的新提法之一，其所在原句为“必须更加自觉地把全面协调可持续作为深入贯彻落实科学发展观的基本要求，全面落实经济建设、政治建设、文化建设、社会建设、生态文明建设五位一体总体布局”。有分析指出，“五位一体”是在科学发展观指导下产生的，其更强调均衡、可持续和以人为本的发展理念。再如“人类命运共同体”，这次报告中明确提出这一理念，其所在原句为“合作共赢，就是要倡导人类命运共同体意识，在追求本国利益时兼顾他国合理关切，在谋求本国发展中促进各国共同发展，建立更加平等均衡的新型全球发展伙伴关系，同舟共济，权责共担，增进人类共同利益”。

党的十九大（2017 年）报告中，新词语有“供给侧、共享经济、蹄疾步稳、顽瘴痼疾、乡村振兴战略、新常态、雄安新区”等。其中，“雄安新区”所在原句为“以疏解北京非首都功能为‘牛鼻子’推动京津冀协同发展，高起点规划、高标准建设雄安新区”。又如“蹄疾步稳”，其所在原句为“蹄疾步稳推进全面深化改革，坚决破除各方面体制机制弊端”。再如“顽瘴痼疾”，其所在原句为“更加自觉地投身改革创新时代潮流，坚决破除一切顽瘴痼疾”。再如“供给侧”，其所在原句为“必须坚持质量第一、效益优先，以供给侧结构性改革为主线，推动经济发展质量变革、效率变革、动力变革”。再如“共享经济”，作为全球科技革命和产业变革下涌现出的新业态新模式，正在加快驱动资产权属、组织形态、就业模式和消费方式的革新。其在这次报告中的原句为“在中高端消费、创新引领、绿色低碳、共享经济、现代供应链、人力资本服务等领域培育新增长点、形成新动能”。复如“新常态”，指中国经济已经进入到一个与以往高速增长期不同的新阶段。其在报告中的原句为“面对世界经济复苏乏力、局部冲突和动荡频发、全球性问题加剧的外部环境，面对我国经济发展进入新常态等一系列深刻变化，我们坚持稳中求进工作总基调，迎难而上，开拓进取，取得了改革开放和社会主义现代化建设的历史性成就”。

党的二十大（2022年）报告中，新词语有“踔厉奋发、全过程人民民主、人民首创精神、新发展理念、永远吹冲锋号、中国式现代化、总体国家安全观”等。其中，“踔厉奋发”指精神振奋，斗志昂扬，其所在原句为“高举中国特色社会主义伟大旗帜，全面贯彻新时代中国特色社会主义思想，弘扬伟大建党精神，自信自强、守正创新，踔厉奋发、勇毅前行，为全面建设社会主义现代化国家、全面推进中华民族伟大复兴而团结奋斗”。又如“全过程人民民主”，最初出现在庆祝中国共产党成立100周年大会上的重要讲话中，习近平总书记站在人民创造历史的高度，强调“发展全过程人民民主”，发出开辟我国社会主义民主政治建设新征程的号令。其所在原句为“扎实推进全过程人民民主，全面推进依法治国”。再如“永远吹冲锋号”，其所在原句为“只要存在腐败问题产生的土壤和条件，反腐败斗争就一刻不能停，必须永远吹冲锋号”。复如“总体国家安全观”，其所在原句为“必须坚定不移贯彻总体国家安全观，把维护国家安全贯穿党和国家工作各方面全过程，确保国家安全和社会稳定”。

在解析各次党代会报告中所出现的新词语时，需要注意的是，某些新词语在报告中使用该词语前本已出现，但因该词语被正式写入报告中而使其表达效能发生了变化，故仍可被认作是新词语。例如“踔厉奋发”一词，在孙中山《中国革命史·革命之运动》一文中便已出现，其原句为“其慷慨助饷，多为华侨；热心宣传，多为学界；冲锋破敌，则在军队与会党，踔厉奋发，各尽所能，有此成功非偶然也”。

网络空间追求个性化表达，常会出现一些不规范的用字用词。例如，网络新词语将“美国”说成“米国”，将“我”说成“偶”，将“世界杯”说成“师姐杯”，将“欧洲杯”说成“欧粥杯”，将“外国人”说成“歪果仁”等。网络新词语在语言符号的使用上，复杂多变。除了常见的汉字、拼音、数字、字母外，也常会出现不同语言符号混合使用的情况，这与传统的造词法多有不同，无不体现了使用者求新、求异的心理状态。从上述举例不难发现，谐音词语在网络词语中，能产性很高，这从规范运用语言的角度来看，是一种倒退。但另一方面，语言是用于言语交际和信息传递的，在特定的交际语境中，如果既能做到表义清晰，又能增强表达效果，尤其对于中青年网络语言使用者而言，在非正式的语言环境和网络空间中，似无必要加以纠正。从语言监测角度来看，及时对谐音词语的演化轨迹加以整理并记录下来，对研析网络词语的发展是有益的。例如“喜欢”，可谐音为“稀饭、喜翻”等不同词形，体现了使用者在造词心理方面的变化。

网络词语的交际语境属特定的网络世界，与传统交际语境相比，网络世界的交际主体具有较强的隐匿性，即交际双方可以隐藏真实身份。在此背景下，网络词语无须刻意遵循交际的礼貌原则，为了表达和修辞的需要，使用者往往打破惯常的搭配范式，创制并使用非礼貌性的詈词詈语，如“坑爹、夺笋呐、服了你个老6”等。例如“极品”，原指最上等的物品或最高的官阶，而在网络词语中，则常作“JP”，含有贬义，用于指令人生厌的人。在运用网络新词语进行交际的过程中，应注意其交际的语境。若是偏口语体的网络语境，在运用网络新词语时，可以适当放宽限制。反之，若是偏书面语的公文语境，在运用网络新词语时，须保持审慎的态度。

第七章　外来词及其运用

外来词是一种语言的词汇系统中从其他语言借入的词汇成分。A语言的词汇为B语言所借入，原为A语言的词汇就成了B语言词汇的成员。为了将这种词汇成分与B语言固有的或原有的词汇成分区别开来，我们将这种词汇成分称为“外来词”。所谓“外来”，是强调其别种语言的身份。将词汇成分借给B语言的A语言，被称为“借出语言”，从A语言借进词汇成分的B语言，被称为“借入语言”。语言间的这种借出、借入，尤其在相邻的国家间会时常发生，这种“借出”与“借入”的关系，往往需要从词源角度去辨析。例如，“料理”被认为是近代源自日语的一个常用词，但成书于中古时期的《世说新语》等文献则有不少“料理”用例，通过词源辨析可知“料理”本是汉语自源词，只是由于语言接触而为日语所借入，而后再由日语借出并重新为汉语所借入。这种外来词也可称作“飞去来词”。此外，由A语言借到B语言再进入C语言，如梵语的佛教词语，这一类外来词也称作“跃进式的外来词”。还有一种情形，如梵语的佛教词语往往由一点向多点辐射，这种称作“辐射式的外来词”。

第一节 外来词的概貌

一、外来词的常见类型

（一）音译外来词

音译外来词，也叫借音词，通常可分为以下几个小类。第一类是纯音译外来词。例如，“阿剌罢”源自蒙古语 alaba，释为“杀”；“挨士科尔”源自英语 esquire，释为“❶骑士的侍从，持盾者。❷（英国）地位在骑士之下的绅士。❸先生。❹（古语）地主，乡绅”；“安那马脚尔”源自法语 en amateur，释为“一个业余爱好者”；“奈依尔”源自蒙古语 nair，释为“友谊欢聚，一种传统的群众性集会”；“斐洛罗支”源自英语 philology，释为“语言学或文献学”；“费厄泼赖”源自英语 fairplay，释为“公平对待，条件均等，光明磊落”（原为体育竞赛或竞技所用的术语，意思是光明正大地比赛，不要用不正当的手段。又作“费厄泼莱”）。第二类是谐音外来词，指某些外来音译词在借入汉语词汇系统时，译者在考虑纯音译的基础上，会根据其意义选用同源语意义相近或有关的汉字去对译。例如，“乌托邦”源自英语 Utopia，原为英国空想社会主义者托马斯·莫尔（Thomas More）所著书名的简称。作者在书里描写了他所想象的实行公有制的理想社会，并把这种社会叫作“乌托邦”，意即没有的地方，后来这个词泛指不能实现的愿望、计划等。这个词在借入汉语词汇系统时，在保留源语发音的基础上，译字“乌”在古代汉语中有“无、没有”之义，所以这类外来词可看作谐音外来词。又如，“绷带”源自英语 bandage，释为“包扎伤口或患处的医用纱布带”。“绷”在保留源语音译的基础上，也表达了包扎伤口或患处时的绷紧状态。第三类是音译的汉字形声化或意义化。例如，“槟榔”源自马来语 pinang，常绿乔木，树干很高，羽状复叶，生长在热带地区，果实可以供药用。又如，“钪”是金属元素，符号 Sc，原子序数 21，又作“鏮”。这个词源自英语 scandium。以“金”字作为偏旁的汉字多与金属元素有关，如“镭”，金属元素，符号 Ra，银白色，质软，有放射性，用来治疗恶性肿瘤，镭盐和铍粉的混合制剂可制成中子源。以“气”字作为偏旁表达气体元素，如“氯”，气体元素，符号 Cl，原子序数 17，源自英语 chlorine。第四类是兼音增义外来词。这一类外来词，除了发音借自源语外，又增加了专门表义的汉字。例如，“科罗病”源自英语 craw-craw，又称西非盘尾丝虫病，是一种有寄生虫的传染性脓疱皮肤病。“科罗”是借音部分，“病”作为新增汉字表示类别义。又如，“库木孜琴”源自柯尔克孜语 qhomuz。它是新疆柯尔克孜族的三弦弹拨乐器，据考证是来自古拨弦乐器“火不思”，形似琵琶，但下部小，上部细长，又作“考姆孜琴”。“库木孜/考姆孜”是借音部分，“琴”作为新增汉字表示类别义。其他还有：“勒兹舞”源自俄语 рэз，“勒兹”是借音部分，“舞”作为新增汉字表示类别义；“利久酒”源自英语 liqueur，一种味浓性烈的甜酒，其中“利久”是借音部分，“酒”作为新增汉字表示类别义；“芬尼党”源自英语 Fenian Brotherhood，它是从英国统治下解放出来的一个爱尔兰秘密革命组织，约于1856年在美国纽约创建，又作“飞尼党”，其中“芬尼/飞尼”是源语的借音，“党”作为新增汉字表示类别义；“哥拉琴”源自英语kora，它是一种源自非洲、形似琵琶的二十一弦琴，其中“哥拉”是借音部分，“琴”作为新增汉字表示类别义；“亨克尔机”源自德语Heinkel，其中“亨克尔”是借音部分，“机”作为新增汉字表示类别义。

（二）外来借形词

在外来词进入到汉语词汇系统的过程中，某些外来词将源语音义形式一并借入，其原形基本得以保持。这类外来词在语言接触过程中，呈逐年递增趋势。这类字母外来词以大写简缩形式出现的居多。例如，“CRH”是英语China railway high-speed的缩写，指中国铁路高速列车；“VC”是英语venture capital的缩写，指风险投资；“GMDSS”是英语global maritime distress and safety system的缩写，指全球海上遇险与安全系统；“IMAX”是英语image maximum的缩写，指图像最大化立体影像技术；“KO”是英语knock out的缩写，指拳击、散打等比赛时，参赛选手将对手击倒、击昏从而获胜；“PK”是英语player killing的缩写，原指游戏中玩家们互相攻击，切磋武艺，现多指较量、竞争、对决；“RH”是英语relative humidity的缩写，指相对湿度；“SOHO”是英语small office and home office的缩写，指小型家居办公室；“SUV”是英语sport utility vehicle或suburban utility vehicle的缩写，指运动型实用汽车或城郊实用汽车；“TPP”是英语Trans-Pacific

Partnership Agreement 的缩写，指跨太平洋伙伴关系协定；“WLAN”是英语 wireless local area network 的缩写，指无线局域网；“干部”源自日语“幹部”，日语意译法语 cadre；“干事”指专门负责某项具体事务的人员，近代借自日语“幹事”，日语意译英语 manager 或 secretary；“干线”源自日语“幹線”，日语意译英语 trunk line 或 main line，指交通线、电线等的主要路线；“歌舞伎”源自日语“歌舞伎”，它是一种日本戏剧。

（三）半音译半意译词

在外来词进入汉语词汇系统过程中，既保留源语部分语音，也将源语部分内容意译成汉语。例如，“弗琅荷费谱线”源自英语 Fraunhofer lines，“Fraunhofer”音译为“弗琅荷费”，“lines”意译为“谱线”；“格雷果里望远镜”源自英语 Gregorian telescope，“Gregorian”音译为“格雷果里”，“telescope”意译为“望远镜”；“格列高里泻药”源自英语 Gregory's powder，指由大黄、氧化镁和生姜调制而成的药粉。“Gregory”音译为“格列高里”，“powder”意译为“泻药”；“华尔街”源自英语 Wall Street，指美国纽约的一条街，美国大垄断组织和金融机构多集中在此，是资本主义世界投机市场的中心，其中“Wall”音译为“华尔”，“Street”意译为“街”；“霍格树胶”源自英语 hog gum，“hog”音译为“霍格”，“gum”意译为“树胶”；“基耶达烧瓶”源自英语 Kjeldahl flask，它是一种长颈烧瓶，“Kjeldahl”音译为“基耶达”，“flask”意译为“烧瓶”；“焦利天平”源自英语 Jolly balance，它是一种精致的弹簧秤，特别用于测量物体在空气中和在水中的比重，其中“Jolly”音译为“焦利”，“balance”意译为“天平”；“卡伦油”源自英语 carron oil，指亚麻仁油和石灰水的混合剂，可治烧伤和烫伤。其中，“carron”音译为“卡伦”，“oil”意译为“油”。

二、外来词的历时来源

外来词的源语会因时代等因素的不同而表现不同。汉语引入外来词语主要有两个时期：第一个时期主要是上古末期至中古时期，这一时期承载了佛教文化进入中土的西域各种语言，尤其是梵语外来词进入汉语；第二个时期主要是近现代时期，随着西学东渐，英语、日语、俄语等国语言的外来词进入汉语。但这里强调的是“主要”为两个时期，其实像汉语这样使用人口众多、人口分布的地域辽阔的语言，它与其他语言的接触，从未停止过。

古人对外来语采取兼收并蓄的原则，将国内民族语、外国语与汉语地方变体一起，统称为方言。古代文献中指出的所谓方言词语在现在来看既有民族语也有外国语，如壮语、苗语、瑶语、羌语等属少数民族语言，梵语、波斯语、拉丁语、英语等属外国语。汉语的底层，应该是融合了历史上不少语言（方言）的成分的，包括汉语自己的方言，也包括其他民族的语言。例如，张骞出使西域所带回的“苜蓿、葡萄、狮子、石榴”等，佛教带来的“般若、刹那、大戒、佛陀、和尚、袈裟、劫数、南无、菩提、舍利、世界、夜叉、正果、转世、具足戒”等。西学东渐以来，源自英语的外来词，源自日语的外来词，对中国近现代社会影响巨大。源自英语的“基因、克隆、盘尼西林”等，源自日语的“干部、临床、团体、人气、消防、五十肩”等。改革开放以来，汉语引进外来词的势头未曾稍减，如“粉丝”源自英语。此外还有源自俄语的“杜马”，源自德语的“阿司匹林”，源自阿拉伯语的“主麻”。境内少数民族词汇对汉语词汇的丰富和发展也起到了重要的作用，如源自藏语的“噶伦”，源自蒙语的“哈达”，源自满语的“萨其马”。

三、外来词的源语分布

进入21世纪以来，从全球华语使用情况看，汉语词汇系统中的外来词源语分布仍十分广泛，常见的外国语有英语、日语、俄语、梵语、泰语、法语、德语、波斯语、希腊语、马来语、越南语、拉丁语、意大利语、阿拉伯语、西班牙语等，少数民族语有藏语等。例如，源自英语的“阿叻（smart aleck简缩音译）、哀的美敦书（ultimatum）、艾斯（ice）、艾滋病（AIDS）、爱克斯射线（X-ray）、安瓿（ampoule）、安非他命（amphetamine）、安可（encore）”等。

源自日语的外来词有“阿给（用于中国台湾）、阿娜达（用于中国台湾等地）、阿沙力（用于中国港澳台等地）、便当（用于中国台湾和新马泰印尼日等地）、柏青哥（用于中国台湾等地）、帆立贝（用于中国港澳等地）、风吕屋、干物女（用于中国台湾）、卡哇伊（用于中国港澳台和新马等地）”等。日语外来词在汉语中地位历来存有争议。因为有些源自日语的外来词最初是日语从汉语借入的，彼时日语是借入语言，汉语是借出语言。但近代又有不少这类词语从日语重新回到汉语，此时日语是借出语言，汉语则变成了借入语言。具体如何借出与借入，还需要结合文献，通过词源学来加以考辨。

源自马来语的外来词有“阿杂、阿渣、巴啷刀（巴啷，马来语音译，用于马来西亚等地）、巴冷刀（用于马来西亚等）、巴列（用于马来西亚等）、巴刹（用于新马泰印尼等）、巴刹马兰（马兰，意思是晚上）、峇峇（用于新马等地）、峇迪（用于新马泰印尼等地）、峇迪画（峇迪，马来语音译）、峇拉煎（用于新马印尼文莱等地）、班顿（用于马来西亚等地）、本固鲁（用于马来西亚等地）、多隆（用于新马印尼文莱等地）、甘榜（用于新马印尼文莱等地）、甘梦鱼（甘梦，马来语音译）、甘望鱼（甘望，马来语音译）、红毛丹（马来语音译兼意译）”等。

源自泰语的外来词有“猜尤（猜哟、猜唷，用于泰国等地）、宋干节（相当于中国的泼水节）”等。源自梵语的外来词有“阿兰若、阿罗汉、班禅（班，梵语音译，意思是博学之士）、比丘、比丘尼、阿弥陀佛、阿阇黎”等。源自希腊字母的有“阿尔法粒子、贝他粒子、贝他射线、贝塔粒子、贝塔射线、伽马刀、伽马射线”等。源自法语的有“贝雷帽、布尔乔亚、旦尼尔（量词）、法郎、戛纳”等。源自西班牙语的有“比索、淡巴菰（用于中国台湾）、厄尔尼诺现象”等。源自俄语的有“布尔什维克、布拉吉、杜马”等。源自阿拉伯语的有“安拉、古尔邦节（古尔邦，阿语音译）、古兰经（古兰，阿语音译）”等。源自德语的有“阿司匹林、阿斯匹灵（用于中国台湾）、盖世太保”等。源自越南语的有“奥黛（用于越南等地)、荷柄(用于越新等地)”等。源自拉丁语的有“酊、法西斯”等。源自意大利语的有“法西斯蒂”等。源自藏语的有“班禅(禅,意思是大)、喇嘛”等。

从外来词源语分布来看,日源外来词和英源外来词对汉语外来词词汇系统的影响较大,以下分别加以述之。

(一) 日源外来词

日源外来词,顾名思义,即源自日语的外来词。汉语中的日源外来词古已有之,这些日源外来词对汉语构造、词义、文字等方面都产生了不同程度的影响。从东汉起,中日语言文化交流就已经开始,汉语和中国文化对日语和日本文化也产生了深远的影响。尤其公元七世纪初至九世纪末,日本多次向中国派遣学习汉语和中国文化的“遣唐使”,这也是日本学习汉语和中国文化的明证。

成书于西晋的《三国志·魏书》采用音译法记载了日本的官名、国名、人名等专有名词。表示官名的,有“多模、尔支、弥弥、弥马升、泄谟觚、伊支马、卑奴毋离、弥弥那利”等。表示国名的,有“鬼国、奴国、巴利国、末卢国、斯马国、苏奴国、投马国、好古都国、奴国百里、不弥国百里”等。表示人名的,有“乌越、壹与、载斯、卑弥呼、难升米、卑弥弓呼素”等。

在日语音译词的基础上,汉语中又出现了日语汉字词,唐宋时期文献有相关记载。例如,《宋史》在记载隋代至南宋这一时期的中日交流时,便使用了较多表示地名、官名、人名等的日语汉字词。表示地名的,有“大和、和泉、山城、摄津”等。表示官名的，有“推古天皇、皇极天皇、舒明天皇、孝德天皇”等。表示人名的，有“灵仙、真连、宗睿、藤原氏、粟田真人”等。

19世纪中叶以来，日本明治政府开始实施现代化改革，使得日本从封建社会开始走上资本主义道路。与此同时，大量介绍西方国家新观念、新文化、新制度的书籍也开始被译成日文。这些书籍涉及的范围很广，从最初的军工技术到法学、化学、地理学、经济学、天文学、统计学、物理学等自然科学和社会科学。

19世纪中叶起，清政府多次派使臣出访日本。这些使臣归国后，有的将其在日本见闻整理成册，出版发行，如罗森《日本日记》（1854）、何如章《使东述略并什咏》（1876—1877）、黄遵宪《日本国志》（1890）、傅云龙《游历日本图经余记》（1889）、叶庆颐《策鳌杂摭》（1889）等。

日源外来词在上述著述中多有记载。何如章笔下的有“公园、少佐、神社、市场、议院、邮便、裁判所、大政院、淡巴菰、外务省、幼稚园”等。黄遵宪笔下的有“共和、建筑、会计、民权、内阁、投票、小说、写真、政党、证券、博物馆、民主党”等。傅云龙笔下的有“保险、电话、干事、化妆、麦酒、物理、议员、运动会”等。叶庆颐笔下的有“大工、佃煮、熨斗、时计师、瓦斯灯、支配人”等。

19世纪90年代起，在清政府维新派的倡议下，留日学生逐年增多。这些留日学生在日本学习新观念、新文化，创办书刊，兴建会社，译介了大量日文书报刊物。日源外来词也随之被大量引入。例如，梁启超笔下的“爆弹、便当、借金、文明、书记生、大藏省、免许状、太政官、武士道”等，鲁迅、郭沫若、郁达夫等人笔下的“拂（付钱）、奉仕（服务）、坚目（独眼人）、肩书（头衔）、讲义（讲课）、美点（优点）、原点（起点）、意味（意思）、映写（放映）、约束（约定）、知人（熟人）、直后（之后不久）、住居（住宅）、昨今（最近）”等。

在日源外来词译介过程中，称名也经历了前后不同的变化，直至最后稳定在汉语的词汇系统之中。例如“妇科”一词，最初从日语译介时，采用的是日语的“妇人科”。再如“汉方”一词，即“中医”，在最初译介时，“汉方”较为常见，如《东洋汉方要诀》《汉方新解》《临床应用汉方医学解说》《日医应用汉方释义》等，后逐渐被“中医”一词所取代。

20世纪初，大量日文教科书被译介至国内，日源外来词在翻译过程中，经历了词形的选择、竞争后，逐渐稳定并统一下来。例如“家事”一词，即“家务”，在最初译介过程中，直译的“家事”较为常见（《初中劳作家事》《改良家事教科书》《家事教科书》《新制家事教本》等）。再如“代数学”一词，即“代数”，在最初译介过程中，直译的“代数学”较为常见（《代数学讲义》《代数学新教科书》等）。

20世纪中后期，随着新中国的成立和科技的快速发展，日源外来词在译介的过程中，出现了一些新的变化。在使用域上，生活类日源外来词比重有所增加，专科领域的日源外来词比重有所降低。表示衣食住行等生活类的日源外来词，有“闭馆、封杀、会所、兼职、配送、直通、量贩店、便利店、美容院、铁板烧、通勤车、香辛料、写真集、生鲜食品、主题游乐园”等。表示专科领域的日源外来词，法律方面的有“无记名、损害赔偿、正当防卫”等；教育方面的有“修学、研修、修学旅行”等；经济方面的有“本部、物流、职场、大卖场、会员制”等；体育方面的有“相扑、空手道”等；医学方面的有“齿科、安乐死、过劳死”等。

日源外来词在引入汉语词汇系统的过程中，在词语构造、词义、字形等方面，都有一些新的变化。

词语构造的变化。结构方面，在日语中，有大量宾动结构的词语，而汉语则表现为动宾结构。例如，汉语的“洗手间”，对应的日语则为“お手洗い”，这个词在引入汉语的过程中，表示语法关系的“お”“い”被略去，保留宾动结构的“手洗”，对应译为汉语动宾结构的“洗手”，再与“间”组合，表示与“厕所”同义的建筑场所。词长方面，在日源外来词译介过程中，不同程度地做了处理。简化词长的，如“工场长—厂长”“借用语—借词”“刊行物—刊物”“旅客机—客机”“邮便局—邮局”“专门家—专家”等（前者是日语，后者是汉语）；增加词长的，如“公判—公开判决”“女学校—女子学校”“预算案—预算方案”等（前者是日语，后者是汉语）。语素方面，在日源外来词译介过程中，部分语素被置换，出现了一些新词形，如“目次—目录”“休业—停业”“保佐人—保护人”“自转车—自行车”“妇人运动—妇女运动”“精神劳动—脑力劳动”“肉体劳动—体力劳动”“勤劳大众—劳苦大众”“通货收缩—通货紧缩”“样式主义—形式主义”等（前者是日语，后者是汉语）。

词义的变化。表示词义成分发生变化的，如“榻榻米”。

这个词用于称谓日本传统家居用品，指用于室内地板的草垫或草席等。日语原词为“畳（たたみ）”，在引入汉语后，有的将其词义理解为日式房间，有的将其词义理解为日式床垫，“畳”实则是指日式房间地板上的草垫。表示词义色彩发生变化的，如“自动售货机”，日语原词为“自動販売機”，“販売”在日语中的词义色彩为中性，汉语在译介“自动贩卖机”时，将汉语中带有贬义色彩的“贩卖”替换为“售货”；“族”在日语中，往往呈现贬义的词义色彩，而在引入汉语后，“族”通常表现为中性的词义色彩，即“某类人或群体”，如“打工族、工薪族、考研族、刷卡族、退休族”等都表现为中性的词义色彩。

字形的变化。在日源外来词引入汉语的过程中，日语的繁体字转写为规范汉字的简化字。例如，日语的“標本、積極、競走、内閣、休職、勞動者、悲觀主義、動產銀行”，对应汉语为“标本、积极、竞走、内阁、休职、劳动者、悲观主义、动产银行”。有些日语中的简化字，在引入汉语的过程中，做了字形方面的处理。例如，“財団—财团”“広告—广告”“芸術—艺术”“図書館—图书馆”中，“団”替换为“团”，“広”替换为“广”，“芸”替换为“艺”，“図”替换为“图”。

汉语中的日源外来词促进了汉语词汇系统的发展，在引入汉语词汇系统的过程中，日源外来词在构造、词义、字形等方面，都发生了一些新的变化，对此我们应加以甄别，这对正确使用日源外来词是有帮助的。

（二）英源外来词

英源外来词，顾名思义，即源自英语的外来词。英源外来词在引入的过程中，常常表现为音译词和意译词两种形式并存；在外来词词形的选取上，时而音译词被保留，时而意译词被保留。在不同时期有不同的变化。

第一，音译词被汰除，意译词被保留。例如，英语的camera对应的汉语词形有“开麦拉、开末拉、摄影机、写真器、照相机、照相器、照相机器”等。其中，“开麦拉、开末拉”是音译词，其余则为意译词，“开麦拉、开末拉”的用例皆出现在20世纪50年代以前。camera现在只保留“照相机、摄像机”等意译词词形，音译词词形全部被汰除。英语的plastic对应的汉语词形有“玻璃、塑胶、塑料、可塑质、受范物、百赖司替、普拉斯的克”等。所有词形中，只有“塑料”这一意译词词形被保留，所有音译词全被汰除。英语的paraffin对应的汉语词形有“煤蜡、石蜡、石脂、巴拉芬、巴喇纷、怕拉芬、巴拉非恩”等。所有词形中，只有“石蜡”这一意译词词形被保留，所有音译词全被汰除。英语的president对应的汉语词形有“国主、民主、首领、统领、总理、总领、总统、伯理玺、大民主、大统领、大总统、国首领、国统领、魁首领、首领主、众统领、总统领、伯勒西敦、伯理天德、伯理喜顿、勃列西领、百里玺天德、伯理师天德、伯理玺天德”等。所有词形中，只有“总统”这一意译词词形被保留，所有音译词全被汰除。英语的telephone对应的汉语词形有“电话、传声器、传声机、得力风、德律风、得律风、爹厘风、千里叫、通言器、特累风、太立风、传声机器、电线传声、通言电机、电线传声器”等。所有词形中，只有“电话”这一意译词词形被保留，所有音译词全被汰除。

第二，意译词被汰除，音译词被保留。例如，英语的brandy对应的汉语词形有“白兰堤、白兰地、拔兰地、罢兰地、白兰提酒、罢阑地酒、勃兰地酒、卜蓝地酒、墨兰地酒、葡萄烧酒”等。所有词形中，只有“白兰地”这一音译词词形被保留，所有意译词全被汰除。英语的cigar对应的汉语词形有“雪加、雪茄、色盖、士加、锡茄、夕盖、黄烟卷、卷筒烟、卷叶烟、吕宋烟、雪茄烟、思加烟、雪茄卷烟、尖嘴孖姑烟”等。所有词形中，只有“雪茄”这一音译词词形被保留，所有意译词全被汰除。英语的sofa对应的汉语词形有“沙发、睡儿、梳化、交子床、弥陀榻”等。所有词形中，只有“沙发”这一音译词词形被保留，所有意译词全被汰除。

第三，音译词和意译词均被保留。在表达相同概念的两个或多个词形中，英源外来词的音译词词形和意译词词形均被保留。例如，英语的angel对应的汉语词形有“天使、安琪、安琪尔、安琪儿”等。音译的“安琪”和意译的“天使”皆被保留。英语的cheese对应的汉语词形有“吉士、吉斯、吉司、计司、忌司、忌士、奶酪、起司、芝士、乳酪”等。音译的“起司、芝士”和意译的“奶酪、乳酪”皆被保留。英语的penicillin对应的汉语词形有“青霉素、般尼西林、潘尼西林、盘尼西林、配尼西林、青霉菌素”等。音译的“盘尼西林”和意译的“青霉素”皆被保留。英语的vitamin对应的汉语词形有“活力素、生活素、维生素、维它命、维他命、维他命素”

等。音译的“维他命”和意译的“维生素”皆被保留。虽然音译词和意译词的词形同时被保留，但是在使用频率上，音译词和意译词并不对等，有时前者的词形占优。例如，英语的guitar，音译的“吉他”和意译的“六弦琴”都被保留，但“吉他”这一词形使用频率更高。又如，英语的email，音译的“伊妹儿”和意译的“电邮”都被保留，但“电邮”使用频率往往更高一些。再如，“维他命”和“维生素”、“盘尼西林”和“青霉素”现多用后者。

字母词是英源外来词的重要类别。在英源外来词引入汉语言语交际系统的过程中，有时字母词在使用频率上保持优势，有时字母词对应的汉字词在使用频率上保持优势，有时字母词与其对应的汉字词交替使用。

已有研究发现，字母词使用频率占绝对优势的，有“IP卡”（Internet Protocol的缩写，平常所说的IP卡大多指拨打长途电话时所使用的电话卡）、“T恤”（T-shirt的音译名）、“KTV”（Karaoke TV）、“MP3”（Moving Picture Experts Group Audio Layer III的简称，数字音频压缩格式）、“MSN”（Microsoft Service Network的简称）、“SOS”（紧急求救信号）、“TOP”（标题或排名）、“XO”（Extra Old简称）等。字母词使用频率占一般优势的，有“EDI”（电子数据交换技术）、“NMD”（国家导弹防御系统）等。

汉字词使用频率占绝对优势的，有“CHAT”（网上聊天）、“CIA”（美国中央情报局）、“CQ”（创造力）、“DISCO”（迪斯科）、“FANS”（粉丝）、“IQ”（智商）、“NASDAQ”（纳斯达克）、“NATO”（北约）、“OPEC”（石油输出国组织、欧佩克)、“PARTY”(派对、聚会)、“WHO”(世界卫生组织)等。汉字词使用频率占一般优势的，有“BBC”(英国广播公司)、“CAI”(计算机辅助教学)、“EMS”(邮政特快专递)、“IMF” (国际货币基金组织)、 “UFO” (不明飞行物)、“WTO”(世界贸易组织) 等。

字母词和汉字词使用频率交替变化。有字母词使用频率呈上升态势的，如“ATM”(自动取款机)、“CAD”(计算机辅助设计)、“CPU”(中央处理器)、“GDP”(国内生产总值)、“IC卡”(集成电路卡或智能卡) 等。有字母词使用频率呈下降态势的，如“CIS”(企业识别系统)、“CNN”(美国有线电视新闻网)、“ISP”(网络服务供应商)、“SIM卡”(用户身份识别卡)、“VOD”(视频点播) 等。有字母词和汉字词使用频率交替发生变化的，如“CBD”(中央商务区)、“DNA”(脱氧核糖核酸)、“ICU”(重症监护室)、“MTV”(音乐电视)、“SCI”(科学引文索引)、“MBA”(工商管理硕士)、“MPA”(公共政策管理硕士) 等。

四、外来词的使用域分布

外来词分布于人们生活生产的各个领域，常见的有以下几种类别。

政治类外来词涉及政治、法律、社会、人的等级职位等。例如，“布尔什维克”源自俄语，意即多数派，是苏联共产党用过的称号；“德谟克拉西”指民主或民主主义；“鄂里加支”指寡头政治。其他如“资本、资本家”等。

经济类外来词涉及经济、货币、金融等。例如，“博利瓦”指委内瑞拉货币单位，1 博利瓦等于 100 分；“道拉姆”，摩洛哥等国货币单位。

军事类外来词涉及军队、战争等。例如，“厄利肯式自动高射炮”指瑞士制造的一种地对空导弹。

工业类外来词涉及工业、工业产品、工业技术等。例如，“阿康碱”指一种无色、非结晶质的生物碱，由水解乌头碱而得；“旦替仑”源自法语，指一种耐酸、碱等腐蚀的合金钢。

农业类外来词涉及农业生产等。例如，“格比西得”指一种农业用除莠剂。

科学类外来词涉及自然科学、科技术语等。例如，“元素”源自日语；“指数”源自日语；“侏罗纪”源自英语，指地质年代中生代的第二个纪。

人文类外来词涉及人文科学、哲学、逻辑、教育等。例如，“本质”为哲学用语，指事物本身所固有的、决定事物的性质、面貌和发展的根本属性，源自日语；“博士”源自日语，学位的最高一级；“范畴”源自日语，哲学用语，指人的思维对客观事物本质的概括和反映；“意得亚”源自拉丁语，指概念、观念、表象、意识内容。

医药类外来词涉及医学、药物等。例如，“阿佛丁”指三溴乙醇，是一种麻醉剂；“地美罗”指一种作镇痛剂、镇静剂用的合成药；“盖克塞纳”是一种全身麻醉剂；“哥罗颠”指一种止痛麻醉药；“疫痢”源自日语，指日本儿童夏季所患的一种与痢疾相似的急性传染病。

文体类外来词涉及文化、体育、娱乐等。例如，“布列斯克”指 19 世纪流行于美国的低级趣味的讽刺喜剧、笑剧、歌剧、歌舞表演；“查文文化”是秘鲁古代文明“形成期”的一种重要文化，广泛分布在秘鲁北部和中部，其年代约从公元前12世纪至前5世纪；“楚尼利琴”指格鲁吉亚民间的一种三弦弓弦乐器；“达达主义”是1916至1922年间流行于法国、瑞士等地的一种虚无主义文艺思潮；“达瓦孜”源自维吾尔语，指高空走绳，是维吾尔族传统体育形式；“道尼苏斯节”指古希腊祭祀酒神道尼苏斯的节日。

宗教类外来词涉及教派、宗教术语等。例如，“阿浮陀”指佛教所说胎内八位（或胎内五位）之第二位，胎内渐成肿物如疱，为受胎后第二个七日，或佛教所说的八寒地狱之第一狱——疱狱，入者身寒生疱；“波罗夷”指佛教的六聚罪之一，是最严重的罪，应受逐出佛门的处罚；“布萨”佛教用语，意为斋戒；“得罗卢迦”源自梵语，佛教用语，意为三界。

生活类外来词涉及衣食住行等。例如，“阿妈妮”即妈妈，又作“阿妈尼”，源自朝鲜语；“电车”源自日语“電車”，用电动机做动力机的公共交通工具；“因克”源自英语，指墨水；“杂志”源自日语“雑誌”，即期刊。

度量衡类外来词涉及包括各类单位。例如，“比特”是二进制中的信息量单位，用以衡量计算机处理数据的能力；“波德”是数据处理的一种速率单位，等于每秒一个二进制数字；“玻尔磁子”是原子物理学中磁矩的单位；“打兰”是英美制中的重量单位，1打兰等于1.7718克；“吨”是英美等国计量质量和重量的一种单位；“尔刚”源自英语，是光子能量单位。

天然类外来词涉及山川湖海、日月星辰、动植物等。例如，“阿耳发草”是一种针茅属植物，可用以编织日用品和造纸；“比拉鱼”是南美产的一种食肉小鱼；“更格卢”源自英语 kangaroo，即袋鼠；“藏布”源自藏语，原指雅鲁藏布江，引申后泛指河流。

除了上述几个类别之外，还有一些其他类别的外来词。例如，“喳”源自满语，指下级（或仆人）对上级（或主人）的应诺声，表示尊敬的肯定回答，相当于表示答应的“是”；“主笔”源自日语，旧时指报刊编辑部中负责撰写评论或负责言论工作的人。

第二节　外来词的运用

外来词在运用的过程中，需要注意以下几个方面的问题。

第一，外来词的规范原则。一般来说，外来词在引入汉语词汇系统时应遵循以下几个原则，即“通行原则”“语音原则”“简易原则”“历史原则”“语义原则”“语法原则”“异形原则”等。例如，在译介过程中，同一词语因译介角度不同而出现两个或多个词形，这种情况下可造成“异形并存”。以 email 为例，从音译角度，这个词可译为“伊妹儿”，从意译角度，则可译为“电邮”或“电子邮件”。

第二，外来术语的规范使用。随着科技高速发展，各专业领域术语外来词大量出现，尤其是自然科学的术语词，为了更好更准确地交流和使用，就需要进行规范。例如，在具体外来术语词形的选择上，科技界和规范部门为了追求严谨，常常要在不同词形中选择某一词形固定下来，并推广使用，如“激光”“镭射”“莱塞”，源自英语 laser，在引入汉语词汇系统的过程中，“镭射”“莱塞”这种从音译角度译介的词形渐渐淘汰，而“激光”作为规范词形得以推广并固定下来。

第三，外来专名的规范使用。关于人名、地名等专名的规范使用，一般采取以下几个原则：（1）以汉语普通话语音为标准语音；（2）对已固定并广泛使用的人名、地名，采取从众原则，一般不必重新选择词形；（3）人名、地名应遵循同名同译、同姓同译、同音同译的原则；（4）外来专名的译字应选用常见的汉字，避免使用生僻字。

第四，外来词的表义清晰性原则。以英源外来词中的音译词为例，在运用音译词的过程中，需要借助不同的标义手段，以使表义清晰、准确。音译词通常可运用“括注英语原有词”“括注汉语已有词语”“括注汉语释义语”等几种标义方法。例如“粉丝”，对应上述标义方法，依次为“粉丝”(fans)、“粉丝”（追星族）、“粉丝”（迷恋、崇拜某个名人的人）。再以英源字母词为例，因为字母词所属文字系统不同于汉字的文字系统，且字母词多为简缩形式，在运用字母词的过程中，使用者可运用一定的标义方法来实现表义清晰的目的。字母词标义一般可采用“字母词和汉字互为标注”“字母词和汉字互为同位结构”等不同方法。“字母词和汉字互为标注”的，以“GPS”为例，可标记为“GPS”（全球卫星导航定位系统）、“全球卫星导航定位系统”（GPS）；“字母词和汉字互为同位结构”的，仍以“GPS”为例，可标记为“GPS 全球卫星导航定位系统”“全球卫星导航定位系统 GPS”。具体运用哪种标义方法，要根据使用者和读者的需求来进行选择。

第八章　方言词语及其运用

第一节　方言词语概述

方言词语，一般包括以下三类：一是久已进入共同语词汇系统的方言词语，其来源是某一方言的词语，如源自吴方言的“发利市”，来自粤方言的“冲凉”，来自北京方言和东北方言的“悬乎”“八下里”；二是进入共同语词汇系统时间尚短的方言词语，其方言属性仍很明显，如源自粤方言的“八卦、马蹄”，源自闽方言的“打拼”，源自吴方言的“瘪三、噱头”，源自东北方言的“忽悠、唠嗑”，源自天津方言的“哏、发小”；三是未进入共同语词汇系统而仍属某一方言的方言词语，如北京方言的“歇菜、哈喇子（口水）”，东北方言的“神神道道”（比较神经质）、“哈拉味儿”（油脂性食品发霉变质后，产生的气味）、“秃噜”（泛指物品比较滑，没有把住），吴方言的“小赤佬”（小鬼，小子），天津方言的“褶哩”（以无赖的态度反复纠缠别人，令对方感到非常难以对付）。此外，还有一种情况，即在方言和共同语之间存在一种既非方言又非共同语的词语，有人称为过渡语，如潮汕等地方言所称的“面布”，其过渡语为“脸布”，对应的共同语为“毛巾”。

对已进入共同语词汇系统并被《现代汉语词典》《现代汉语规范词典》等共同语辞书认定为具有共同语词汇资格的方言词语，是研究和运用共同语词汇时的重要类别。

一、方言词语的字数

汉语词汇在发展过程中，起初以单字词语为主，随着概念的增多，单字词语已无法满足人们日常交际的需求，复字词语因此逐渐发展壮大。汉语词汇的复字词语以双字格为主。汉语词汇系统从以单字词语为主到以双字等复字词语为主，是汉语词汇发展史上的一大变化。通过考察进入共同语词汇系统的方言词语，也可以看到，在已融入共同语的方言词语中，仍以双字格复字词语为主。

进入共同语的方言词语，单字词语的如：

柄：〈方〉量 用于某些带把儿的东西。

泊：〈方〉动 停放车辆。

炒：〈方〉动 指解雇。

刁：〈方〉形 挑食过分。

苶：〈方〉形 ❶呆；傻。❷疲倦；精神不振。

双字格方言词语数量最众。例如：

扯淡：〈方〉动 闲扯；胡扯。

筋道：〈方〉形 ❶指食物有韧性，耐咀嚼。❷身体结实（多指老人）。

拉风：〈方〉❶动 兜风。❷形 时尚；前卫。

生猛：〈方〉形 ❶指活蹦乱跳的（鱼虾等）。❷

富有生气和活力的。

三字格方言词语如：

计程车：〈方〉名 小型出租车。

侃大山：〈方〉漫无边际地聊天儿。也作砍大山。

无厘头：〈方〉形 指言语、行为等没有来由或没有意义，让人莫名其妙。

写字楼：〈方〉名 办公楼，多指配备现代化设施的商用办公楼。

四字格方言词语如：

不尴不尬：〈方〉左右为难，不好处理。

正经八百：〈方〉正经的；严肃认真的。

二、方言词语的结构

音义结合的最小单位是语素。从结构上看，一个最小的音义结合体即语素所构成的词，称为单纯词。由两个或两个以上语素构成的词语是合成词。从进入共同语词汇系统的方言词语来看，合成词所占比重要大于单纯词。

共同语词汇系统中，属于单纯词的方言词语如：

仔：〈方〉男青年。

扎：〈方〉量 用于捆起来的东西。

阿木林：〈方〉容易上当受骗的人；傻瓜。

秃噜：〈方〉动 ❶松散开。❷（羽毛、毛）脱落。❸拖；坠下来。❹脱口失言。❺过头。

无厘头：〈方〉形 指言语、行为等没有来由或没有意义，让人莫名其妙。

共同语词汇系统中，属于合成词的方言词语如：

穿帮：〈方〉动 露出破绽；被揭穿。

神道：〈方〉形 ❶精神旺盛。❷言谈举止异乎寻常。

淘换：〈方〉动 寻觅；多方设法寻求。

心肠：〈方〉名 兴致；心思。

老疙瘩：〈方〉名 指最小的儿子或女儿。

共同语词汇系统中的方言合成词可分复合式、附加式、重叠式三种。其中，复合式指由两个或两个以上不同词根结合而成的复字词语。这类方言词语又分偏正式、动宾式、联合式、补充式、主谓式等五种。偏正式指前一词根修饰或限定后一词根。例如：

白饶：〈方〉动 白搭。

看客：〈方〉名 观众。

靓仔：〈方〉名 漂亮的小伙子。

玉色：〈方〉名 淡青色。

灶火：〈方〉名 ❶厨房。❷灶。

动宾式指前一词根表示动作行为，后一词根表示动作行为所支配或关涉的事物。例如：

踮脚：〈方〉动 一只脚有病，走路只能前脚掌着地。

露脸：〈方〉动 露面。

困觉：〈方〉动 睡觉。

碰瓷：〈方〉动 指故意让人弄坏自己的东西或伤到自己，借机讹诈。

识相：〈方〉形 会看别人的神色行事；知趣。

添堵：〈方〉动 给人增加不愉快；让人心烦、憋气。

联合式指由两个意义相同、相近或相反的词根并列而成的复字词语。例如：

典当：〈方〉名 当铺。

婆娘：〈方〉名 ❶泛指已婚妇女。❷妻子。

婶娘：〈方〉名 婶母。

眼眉：〈方〉名 眉毛。

补充式指后一词根补充说明前一词根的复字词语。例如：

搞掂：〈方〉动 搞定。原为粤语，传入北方话地区后多说搞定。

贼死：〈方〉动 用作补语，表示程度极深，使人难于忍受。

主谓式指后一词根或成分陈述说明前一词根的复字词语。例如：

眼白：〈方〉名 白眼珠。

嘴刁：〈方〉形 说话刁滑。

手不稳：〈方〉指爱偷窃。

天晓得：〈方〉天知道。

附加式指由词根附加前缀或后缀构成的复字词语。例如：

点子：〈方〉量 表示少量。

癫子：〈方〉名 疯子。

妞子：〈方〉名 小女孩儿。

老表：〈方〉名 对年龄相近的、不相识的男子的客气称呼。

老财：〈方〉名 财主（多指地主）。

老大：〈方〉名 木船上主要的船夫，也泛指船夫。

盐巴：〈方〉名 食盐。

嘴头：〈方〉名 嘴（就说话而言）。也叫嘴头子。

胰子：〈方〉名 ❶猪羊等的胰。❷肥皂。

老鼻子：〈方〉形 多极了。

重叠式是以相同的字词组成新的复字词语。例如：

糊糊：〈方〉名 用玉米面、面粉等熬成的粥。

囡囡：〈方〉名 对小孩儿的爱称。

妞妞：〈方〉名 小女孩儿。

婆婆：〈方〉名 ❶祖母，外祖母。❷尊称老年妇女。

婶婶：〈方〉名 婶母。

蛐蛐儿：〈方〉名 蟋蟀。

三、方言词语的意义

词义是指词的语音形式所表达的意义，包括词的词汇意义和语法意义。在字典、词典中同一个条目内按意义分别的项目，称为义项。通过考察方言词语在共同语辞书中的义项分布，可以对共同语词汇系统中方言词语的意义表现有比较客观的认识。

（一）单义方言词语

单义方言词语分两种情况，有的单义方言词语只有一个义项，有的单义方言词语有多个义项，下面我们分别举例。

第一，在《现代汉语词典》（第7版）（以下简称《现汉》）中有且仅有一个义项的。例如：

埕：〈方〉名 坛子。

不中：〈方〉形 不中用；不可以；不好。

跌份：〈方〉动 降低身份；丢面子。

鸡子：〈方〉名 鸡。

积食：〈方〉动 停食（多指儿童）。

挤咕：〈方〉动 挤（眼）。

记挂：〈方〉动 惦念；挂念。

八下里：〈方〉名 指很多方面。

即食面：〈方〉名 方便面。

急口令：〈方〉名 绕口令。

计程车：〈方〉名 小型出租车。

第二，在《现汉》中有多个义项但只有某一义项标记“〈方〉”的。例如：

刁：❷〈方〉形 挑食过分。

漈：❷〈方〉瀑布（多用于地名）。

中：❾〈方〉形 成；行；好。

转：❸〈方〉量 绕一圈儿叫绕一转。

八仙：❷〈方〉名 八仙桌。

店家：❷〈方〉名 店铺。

靛青：❷〈方〉名 靛蓝。

记认：❷〈方〉名 指便于记住和识别的标志。

抓手：❸〈方〉名 拉手。

（二）多义方言词语

多义方言词语指收录的所有义项或两个以上的义项标记“〈方〉”的。例如：

垫背：〈方〉❶动 比喻代人受过。❷名 指代人受过的人。

垫补：〈方〉动 ❶钱不够用时暂时挪用别的款项或借用别人的钱。❷吃点心；点补。

爹爹：〈方〉名 ❶父亲。❷祖父。

和弄：〈方〉动 ❶搅拌。❷挑拨。

挤对：〈方〉动 ❶逼迫使屈从。❷排挤；欺负。

封皮：名 ❸〈方〉包裹在物品外面的纸等。❹〈方〉封条。

秃噜：〈方〉动 ❶松散开。❷（毛、羽毛）脱落。❸拖；坠下来。❹脱口失言。❺过头。

抓挠：〈方〉❶动 搔。❷动 乱动东西，致使凌乱。❸动 打架。❹动 忙乱地赶着做；弄。❺动 挣；获得（钱）。❻名 指可用的东西或可凭借依靠的人。❼名 指对付事情的办法。

（三）方言词语的意义类型

在考察进入共同语词汇系统的方言词语时，对这些方言词语意义的类别进行划分，有助于观察哪些领域的方言词语更易于进入共同语词汇系统。从《现汉》所收方言词语来看，它们涉及餐饮类、地理类、动植物类、服饰类、建筑类、科教文化类、农事类、人物类、商业类、生活类、时节类、天文类、性状类、医疾类等多个领域及门类。

餐饮类方言词语如：

抄手：〈方〉名 馄饨。

陈酒：〈方〉名 黄酒。

甜酱：〈方〉名 甜面酱。

提子：〈方〉名 葡萄。

棒子面：〈方〉名 玉米面。

即食面：〈方〉名 方便面。

地理类方言词语如：

凼（dǎn）：〈方〉山间平地（多用于地名）。

岕：〈方〉山间谷地（多用于地名）。

荡子：〈方〉名 浅水湖。

梁子：〈方〉名 山脊。

动植物类方言词语如：

柴鸡：〈方〉名 农户散养的鸡，不喂人工饲料，一般身体较小，产的蛋也小。

翅子：〈方〉名 翅膀。

趴窝：〈方〉动 ❶母鸡下蛋或孵小鸡时趴在鸡窝里。

歇窝：〈方〉动 指鸡、鸭等天冷或天热时不下蛋。

椑（bēi）柿：〈方〉名 ❶油柿，落叶乔木，是柿树的一个变种，果实小，青黑色，不能吃，汁液可用来做涂料。❷这种植物的果实。

苞米：〈方〉名 玉米。

蒲瓜：〈方〉名 瓠瓜。

薀草：〈方〉名 指水生的杂草，可做肥料。

服饰类方言词语如：

拎包：〈方〉名 提包。

皮草：〈方〉名 指裘皮及裘皮制品。

恤衫：〈方〉名 衬衫。

建筑类方言词语如：

寮房：〈方〉名 简陋的住房。

窗棂：〈方〉名 窗格子。也叫窗棂子。

科教文化类方言词语如：

落（lào）子：〈方〉名 指莲花落等曲艺形式。

相书：〈方〉名 口技。

吊钱儿：〈方〉名 贴在门楣上镂有图案或文字的刻纸。

太空船：〈方〉名 宇宙飞船；航天飞船。

农事类方言词语如：

翻车：〈方〉名 水车。

人物类方言词语如：

阿婆：〈方〉名 ❶丈夫的母亲。❷祖母。❸尊称老年妇女。

腿子：〈方〉名 ❶腿。❷指狗腿子。

叨咕：〈方〉动 小声絮叨。

猴儿急：〈方〉形 形容人很着急。

猴儿精：〈方〉❶形 状态词，形容人很精明。❷名 指机灵或顽皮的人。

较真儿：〈方〉形 非常认真。

巴头探脑儿：〈方〉伸着头（偷看）。

商业类方言词语如：

出账：〈方〉名 支出的款项。

典当：〈方〉名 当铺。

港纸：〈方〉名 港币。

找赎：〈方〉动 找钱。

生活类方言词语如：

八仙：〈方〉名 八仙桌。

面巾：〈方〉名 洗脸的布；毛巾。

手信：〈方〉名 出远门回来时捎给亲友的小礼物，也泛指上门拜访时所带的礼品。

电饭煲：〈方〉名 电饭锅。

时节类方言词语如：

傍明：〈方〉名 临近天明的时候。

春头：〈方〉名 初春。

麦口：〈方〉名 麦子将熟未熟的时候。也说麦口期、麦口上。

明朝：〈方〉名 明天。

晌午：〈方〉名 中午。

天文类方言词语如：

忽闪：〈方〉名 闪电。

星子：〈方〉名 星。

白毛风：〈方〉名 暴风雪。

性状类方言词语如：

晚：〈方〉形 属性词。后继的（亲属关系）。

局促：〈方〉形（时间）短促。

拧巴：〈方〉形 ❶衣服等不平正。❷别扭；不顺。

嘎嘣脆：〈方〉形 状态词。❶形容很脆。❷形容直截了当。

医疾类方言词语如：

风疙瘩：〈方〉名 荨麻疹。有的地区叫鬼风疙瘩。

四、方言词语入条标准

方言词语进入共同语词汇系统，一般需要从它的普遍性、基础性、语用性、影响性等几个方面来衡量。

（一）普遍性标准

普遍性是《现汉》等共同语辞书选收方言词的一个首要标准。普遍性是指进入共同语词汇系统的方言词语，在使用频率和言语交际中，具有常见性和必然性。这一类方言词语要么是在公开发表的书报上高频使用的，要么是在某些使用人口众多的方言区常见的。它们在依照使用频率作为标准的前提下，一般会进入共同语词汇系统而为大众所使用。例如：

熬心：〈方〉形 心里不舒畅；烦闷。

花籽儿：〈方〉名 指棉花的种子。

夹肝：〈方〉名 用作食品的牛、羊、猪等动物的胰腺。

作兴：〈方〉动 情理上许可（多用于否定式）。

（二）基础性标准

现代汉语除了民族共同语，也有众多方言。民族共同语是以北京语音为标准音，以北方话为基础方言，以典范的现代白话文著作为语法规范的普通话。现代汉语一般可分为七大方言区（北方方言、吴方言、闽方言、粤方言、客家方言、赣方言和湘方言），北方方言是民族共同语的基础方言。它在汉语各方言区中分布地域最广，使用人口占说汉语的总人口的百分之七十以上。共同语既然以北方方言为基础方言，那么其在引入方言词语的过程中，《现汉》等共同语辞书常以北方方言词语为主。例如，“待见”原本是北京方言词语，在《红楼梦》和一些近现代文艺作品中，可见较多用例，如“我不待见这种人”、“马连福娇妻爱子，也最不待见别人动不动就打老婆骂孩子”（浩然《艳阳天》）。“待见”可以释为“喜欢、喜爱”，但它在修辞用法上与“喜欢、喜爱”有较大区别。“待见”仅用在口头言语交际中，且多见于否定式。北京方言常讲“这孩子没人待见”、“谁待见他呀”（用疑问句式表示否定语气），却极少讲“大家都待见这孩子”一类的肯定句。此外，“待见”在以人为主体对象时，常用于长辈对晚辈。《现汉》已不再将“待见”标记为“〈方〉”，这表明其已完全融入共同语词汇系统，而不再被视为方言词语。从“待见”可以看出，共同语在吸纳方言词语时的基础性标准问题。又如，同属北方方言区的东北方言，近年就有不少方言词语进入了共同语词汇系统而为《现汉》等共同语辞书所收录。例如：

掰：〈方〉 动 ❷（情谊）破裂；绝交。❸辩论。

嘚瑟：〈方〉动 ❶因得意而向人显示；炫耀。❷胡乱花费（钱财）。

指定：〈方〉副 肯定，没有疑问。

白话（·hua）：〈方〉动 ❶闲谈；聊天儿。❷说大话；夸夸其谈。

（三）语用性标准

共同语词汇从各方言区吸纳方言词语来丰富已有的词汇系统，方言词汇也以其特定的使用范围和语用效果丰富共同语，二者彼此促进。一些方言词语所表达的某些特殊含义和语用效果，在共同语词汇系统中没有与之对应的词语来表达，此时为增强语用表达效果，共同语词汇系统会收入这类方言词语来充实丰富已有的词汇系统。对某些方言区因特有的名物词而形成的方言词语，共同语词汇系统也往往会选择直接引入。例如：

粑粑：〈方〉名 饼类食物。

蹩脚：〈方〉形 质量不好；本领不强。

拆烂污：〈方〉比喻不负责任，把事情弄得难以收拾。

柴鸡：〈方〉名 农户散养的鸡，不喂人工饲料，一般身体较小，产的蛋也小。

“蹩脚”和“拆烂污”在共同语词汇系统中没有直接与其对应的词语，“粑粑”和“柴鸡”作为方言区特有名物词，在共同语词汇系统中也没有与之对应的词语。为增强特定语用表达效果，这些方言词语融入到了共同语词汇系统之中。

（四）影响性标准

有些方言词语，在普遍性标准、基础性标准、语用性标准等三个方面，都不符合进入共同语词汇系统的条件，但因其在方言区具有较大的影响力，也有可能被共同语词汇系统所吸纳。例如，“阿拉”（指我或我们）和“阿木林”（指容易上当受骗的人或傻瓜）这两个词曾被收录在1996年出版的《现汉》之中，但2016年出版的《现汉》（第7版），已将其删除。“阿拉”在宁波方言的口语中使用广泛，“阿木林”也属于吴方言，在文学作品中频见。然而随着时间的推移，这两个词并没有在共同语词汇系统中稳定下来，而是被汰除。与之相较，“冲凉”（指洗澡）和“发利市”（商店把开门后做成的第一笔买卖叫作发利市，也泛指获得利润）都收录在了《现汉》（第7版）之中。它们在当代口语和文学作品中，影响力较强，这是它们得以被收录的主因。

第二节 方言词语的运用

方言词语从各自方言区融入共同语词汇系统，除了汉语共同语词汇系统自身的汰旧纳新以外，在引进并运用方言词语的过程中，还与新事物的大量出现、经济文化的影响、民众的心理因素、推广普通话及词典编纂者理念、方言词语的规范等有很大的关系。

一、新事物的大量涌现

时代发展日新月异，自不待言。而这一点在《现汉》收录方言词语条目的选择上，就有诸多体现。随着新事物的大量涌现，与之对应的词汇系统也不断涌现出大量描写新事物的新词语。我们以《现汉》（第7版）新增的一些方言词语为例。例如，“狗仔队”源自粤方言，用来专指一些“以跟踪名人而获取独特新闻的记者们”，它在《现汉》早期版本中并未收录，但因为“狗仔队”这一新生行业的出现，这一方言词语也因使用频率高、影响力大而被收录到《现汉》之中。再如“电饭煲”也是随着家用电器的普及，在新世纪前后，渐渐进入大众厨房，为大众所广泛使用，继而被《现汉》收录到共同语词汇系统中。“电船、电玩、碟片、速食、影碟、速食面”等方言词语，作为新时代的新事物，在被人民大众广泛使用后也逐渐被共同语词汇系统所吸纳。

二、经济文化的影响

经济文化是和平时代社会发展的主旋律。改革开放以来，北京作为国家政治、经济、文化中心，其综合影响力首屈一指。在共同语词汇系统吸纳方言词语的过程中，如前所述，北方方言具有独特的基础性地位——以北京方言为代表的北方方言，以及东北方言，当中都有很多的方言词语已经融入共同语词汇系统之中而为《现汉》所收录。受北京方言特有的儿化音的影响，在《现汉》新增的方言词语中，有大量鲜活的用例，如“鼻儿、奔儿头、镚子儿、冰碴儿、脖领儿、猜谜儿、车份儿、冲盹儿、刺儿话、不大离儿”等。

大众娱乐传媒的推广，使得原本流通于某一地区的方言词语，得以短期内迅速扩大传播范围，并被大众所效仿使用。这从近些年春晚小品中深受观众喜爱的以东北方言为表演特色的小品中即可窥见一斑。一时间东北方言词语因为小品等娱乐节目的广泛传播而为全国各方言区的民众所熟识，东北方言词语也变成了口头交际时的某种风尚。在此大背景下，近年来东北方言的不少词语已经开始进入共同语词汇系统，或有进入共同语词汇系统的趋势，以便其在更大范围内被民众所使用，如“不兴、别价、拉忽、别嘴、哈喇子、护犊子、白不呲咧、破马张飞”等。

而在经济发达的长三角和珠三角地区，以及近些年重点打造的粤港澳大湾区，因其经济飞速发展，这些地区使用的吴方言、粤方言等也作为强势方言，在共同语词汇系统引入方言词语的过程中，扮演着越发重要的角色。“阿公、阿婆、大佬、电玩、毫洋、靓女、靓仔、狗仔队”等已被共同语词汇系统所吸纳。

三、民众的心理因素

在方言词语使用过程中，民众心理并非书面语的求雅，而是求俗、求简。既为方言词语，便是一地民众在世代相袭的日常生活中所常用的，那些与衣食住行密切相关的日常情景就是使用方言词语的主要环境。民众在求学工作过程中，不断从原住地迁移至另一地，其所使用的方言词语也随之迁往另一地，在互通有无的情形下——比如南北方言区的民众互动交流，不再局限于一时一地，这是社会发展作用下的一个必然结果。比如，南方方言区民众在进入北方方言区后，日常交际中会有更多机会使用口语化和语用表达效果更强的“捯饬”来替换“化妆”一类的词语，而北方方言区的民众在进入吴方言的上海后，也会有更多机会作为言说者来使用“侬”替换“你”，以便更好融入当地的言语交际环境。

求简是方言词语使用时的一大优势。在不同方言区，都有针对某一现象或事物所使用的具有独特表达效果的词语，而在共同语词汇系统中往往并无与之对应的表达形式，这也是促使民众本着“拿来主义”直接使用方言词语的动因。比如，方言词语“跌眼镜”指事情的结果出乎意料，令人感到吃惊，“咸鱼翻身”用来指处于绝境或低谷的人或事物重获生机或希望。这些方言词语的使用，都体现了民众求简的心理因素。

四、推广普通话及词典编纂者理念

在国家制定并实施语言政策的过程中，推广普通话与方言保护并行。从大的方面看，方言使用的公共范围在逐渐缩小，方言向共同语融合是语言发展的大势所趋。在此过程中，方言词语要么从自身词汇系统中汰除，要么在使用频率和影响力等标准作用下，融入共同语的词汇系统。共同语也在不断从方言词汇系统中吸纳新单位丰富自身系统。方言词语与共同语词汇系统之间的差异性将会愈发减少。从辞书编纂的目的看，在推广普通话和民族共同语、规范汉语词汇使用的同时，兼收一些进入共同语词汇系统的方言词语，能够更好地为读者提供语言服务，这也是词典编纂者在编写词典时不得不考虑的。这一实用性的编纂理念使得以《现汉》为代表的共同语辞书在慎收方言词语的约束下，不断推陈出新，与时俱进，这也为方言区民众学好共同语提供了必要条件。

方言词语对共同语的建设和发展所起到的积极作用大体可表现为以下几个方面：

一是丰赡共同语的语义表达。众所周知，方言词语可为共同语增加新的词汇选择及表达方式，使共同语更具表现力和生动性。例如，源自上海方言的“捣浆糊”，用以形容某人做事不认真，而普通话中并无与其对应的词汇。这类方言词语可为共同语在增加生动、形象的表达效果方面提供选择。

二是促进共同语的特色发展。方言词语可使共同语更加贴近当地人的生活习惯和文化认同，从而促进共同语的特色发展。例如，源自粤方言的“八卦”，用以形容没有根据的、荒诞低俗的说法或新闻，而普通话中并无与其完全对应的词汇。这类方言词语的使用可使共同语更具地域特色。

三是增强共同语的辨识度。方言词语可使共同语在发音、用词、语法等方面具有明显的特色，从而增强共同语的辨识度。例如，粤方言中的“喺”可用以表示“在”的意思，而普通话中并无类似用法。这类方言词语的使用可使共同语更具辨识度。

四是维护文化的多元性。方言词语是某一地域文化和历史的重要载体，可映射某地的社会风俗及人文精神，从而维护文化的多元性。例如，源自四川方言的“耙耳朵”，可用以形容怕老婆的男性，其源于四川地区的一种地方文化，反映了四川地区的文化特色和社会风貌。

五是增进地方认同感。方言词语的使用可增强当地人的地方认同及归属感，从而促进社会的和谐稳定。例如，北京方言中的“儿化音”可用以表示对某些事物的亲切熟悉，这种发音方式在北京方言中较为常见，其使用可强化北京地区的地方认同及归属感。

当然，在使用方言词语时也需考虑其使用场合及受众人群，以避免引起不必要的误解或争议。同时，使用者也应尊重方言词语的独特性及语用价值，既要推动共同语的建设和发展，也应具有保护和传承方言词语的意识。

五、方言词语的规范

进入共同语词汇系统的方言词语，在运用过程中还须注意规范问题。这主要从两个方面入手。

第一，方言词汇中的某一词语，原本在某一方言区域内使用，后在共同语交际过程中，使用频率很高，全民接受度强，这一词语就应被共同语词汇系统所收录并推荐使用。例如“整”，标为方言词语，释为“搞；弄”（绳子整断了｜这东西我看见人整过，并不难）。又如“扯淡”，标为方言词语，释为“闲扯；胡扯”。再如“搞”，原为四川方言，释为“做；干；从事”（搞生产｜搞工作｜搞建设），现已被共同语词汇系统正式吸收。在词义形象色彩的表达上，“搞”与共同语的“做、干、从事”相比，更具生动性。“整、扯淡”等则口语化更强，使用者可根据上下文语境进行运用，以增强传神的表达效果。

第二，在特定语境下，为了突显方言区特有的事物或地域色彩，选择使用一些方言词语，可大大增强修辞效果。例如，诺贝尔文学奖获得者莫言在其文学作品中经常使用山东方言，大大增强了作品的可读性。以《蛙》为例，莫言通过使用大量山东方言词语，如表示称谓的“大婶子、大爷爷、老奶奶”等，表示食品、物品的“饽饽、柴禾、条帚、糠萝卜”等，表示服饰的“裤腿子”等。这些极具方言特色的词语，还原了民众日常生活的样貌，极大地增强了作品的艺术感染力。在日常运用方言词语的过程中，使用者应加强方言词语的学习，选择适合上下文语境的方言词语，这样往往会收到良好的语篇表达效果。

第九章　隐语、黑话等社会方言词及其规范

第一节　隐语的范围及运用

“隐语”在《现代汉语词典》（第7版）中释为：“❶不把要说的意思明说出来，而借用别的话来表示，古代称作隐语，类似后世的谜语。❷黑话；暗语。”在《汉语大词典》中释为：“❶秘密谈话。❷指不直说本意而借别的词语来暗示的话。类似今之谜语。❸犹黑话。”

“隐语”在上述释文中，有时等同于“黑话”或“暗语”。有语言学者对此提出了不同看法，他们认为“汉语的隐语与黑话、暗语、行话等不是同一个层级上的概念，隐语是包容性极强的上位类型，双关语、歇后语、委婉语、黑话、暗语、行话等是以隐秘性为特征，以社会交际需要和人类思维进化为前提发展出来的下位类型”（祝克懿，2003：18）。

一、隐语和几个相关的概念

隐语与“双关语、歇后语、委婉语、黑话、暗语、行话”有着上下位的关系，那么解读“双关语”等概念将对全面认识“隐语”大有裨益。

双关语是“双关的词语”“双关是有意利用语音和语义的条件，使词语或句子具有双重含义，言在此而意在彼。一般分为语义双关和谐音双关，前者是利用语词的多义性构成一语多义，后者是利用词的音同或音近关系构成一语多义”（冯春田等，1995：527）。例如：

> 姓陶不见桃结果，姓李不见李花开，姓罗不见锣鼓响，三个蠢材哪里来？（《刘三姐》）

刘三姐就“陶、李、罗”三姓与“桃、李、锣”三物同音相谐巧妙地就姓联物，指物借意，对给地主老财当帮凶的三个秀才进行了辛辣的嘲讽，嘲笑了他们词穷歌尽、难以招架的窘态，鲜明地表现了刘三姐聪明机智、泼辣勇敢的性格和善于对歌的才能。歌词读来明快幽默，饶有风趣。

歇后语指由两个部分组成的一句话，前一部分像谜面，后一部分像谜底，通常只说出前一部分，而本意落在后一部分。歇后语是汉语的一种特殊语言形式。它一般将一句话分成两部分来表达某个含义，前一部分是隐喻或比喻，后一部分是对意义的解释。在一定的语言环境中，通常说出前半截，“歇”去后半截，就可以领会和猜想出它的本意，所以称为歇后语。歇后语也叫俏皮话，可以看成是一种汉语的文字游戏。歇后语是熟语（熟语包括成语、谚语、惯用语和歇后语四种），是由劳动人民在日常生活中创造的，具有鲜明的民族特色和浓郁的生活气息。歇后语幽默风趣，耐人寻味，为广大人民所喜闻乐见，如“孔夫子搬家——净是输（书）”。

委婉语是使用含蓄、曲折或模糊的语言来表达某些敏感、尴尬或微妙话题的修辞方式。它可帮助使用者避免直接提及某些不愉快或不适当的事物，以维护彼此人际关系的和谐。例如，在提及“死亡”这个敏感话题时，人们常使用“过世、走了、离世”等委婉语来表达。又如，在谈论“贫穷”时，人们常使用“经济困难、生活拮据、手头紧”等委婉语来表达。再如，对年长者提及“年龄”时，人们常使用“年长、高龄、老人家”等委婉语来表达。复如，在谈论“身材”时，人们常使用“发福、丰满”等委婉语来避免直接提及某人身材变胖。还有在讨论“职业”时，人们常使用“工薪阶层、上班族、专业人士、自由职业”等委婉语来避免直接提及工作职位或职业等级。值得注意的是，汉语委婉语的使用要视具体情况而定，过度使用或不恰当的使用恐会引起听者误解或产生歧义。同时，不同的文化和社会背景也会影响人们对委婉语的使用和理解。

黑话可以指帮会、流氓、盗匪等所使用的暗语，也可以指反动而隐晦的话。

暗语指彼此约定的秘密话，一般表示暗示着某种意思的话或动作。例如，清·陈维崧《浣溪沙·赠王郎》：“未解褰帘通暗语，已能映柱恼回肠。”又如，瞿秋白《赤都心史》三四：“基督救主庙的钟声，在玻璃窗时时震动回响，仿佛有时暗语，我神经受他的暗示。”暗语也指经约定用以暗中交流信息的词语，如高云览《小城春秋》第十五章：“他到书店买了几本新出版的杂志，回来时又赶写了几封用暗语代替的密信。”

行话指某个行业的专门用语（一般人不大理解的）。它指社会上的一些集团、群体，由于工作上、活动上或其他目的上的共同性，在相互之间交往交流时，会创造、使用一些不同于其他社会群体的词汇、用语或符号。

从隐语与各相关概念的释义来看，其共同点是言听者出于某种交际目的，在言语交际过程中所表达的真正含义都非字面直接所表达的意义。其差异在于由于交际目的、功能有别及追求不同的语用表达效果，在言语交际过程中选用具体不同的类别。

二、隐语的范围类别

（一）行业类隐语

某个行业的专门隐语（一般人不大理解的），也即行话。清·翟灏的《通俗编》列举了不少数词隐语，如米行的“一子、二力、三削、四类、五香、六竹、七才、八发、九丁、十足”，药行的“一羌、二独、三前、四柴、五梗、六参、七苓、八壳、九草、十芎”。其他还有理发行的“过相（镜子）、起锋（剃刀布）、扫青（理发）、通勤（大木梳）、光盘子（修面）、冒头丝（假发）”等，戏曲行业的“池子（客坐）、挂刀（八班拜师）、头衬（戏票）、攒锅（剽窃别人之戏）、开花子（伞）、打黄粱子（做梦）”等。

（二）避讳类隐语

“死亡”历来是人们普遍恐惧且避讳的话题，因此众多有关死亡的隐语相继出现。这里以此为例加以讲解。

地位不同，死亡类隐语不同，如王侯去世的隐语有“薨、薨歿、山陵崩”等，普通官员、士大夫等去世的隐语有“捐舍、玉摧、玉碎冰摧”等。职业不同，死亡类隐语不同，如僧尼去世的隐语有“入寂、尸解、迁谢”等，道士去世的隐语有“遁化、化去、升仙、移形”等。死因不同，死亡类隐语不同，如因正义离世的隐语有“捐宾、捐躯、捐生”等。长幼不同，死亡类隐语不同，如未成年离世的隐语有“夭促、夭殁、夭亡”等。性别不同，死亡类隐语不同，如年轻女性离世的隐语有“玉殒、蕙损兰摧、香消玉殒”等。

（三）谜语类隐语

《通俗编》在卷三十八《识余》中的“谜”提到：“《鲍昭集》有井字龟字二谜，《南史》有屐谜，《北史》有箸谜，《七修类稿》隐语转而为谜。至宋苏黄极盛，金章宗刊本以行。按：古无谜字，《玉篇》始收入之，原其意制，则即《吕览》所谓讔也。《越绝》庚米之辞，《参同》委鬼之句，蔡伯喈之黄娟幼妇，管公明之燕印蜘蛛，皆其滥觞。”这里提到的“井、龟、箸、庚米、委鬼、黄娟幼妇、燕印蜘蛛”等皆属谜语类隐语。

（四）藏字类隐语

在这类隐语中，本字隐去部分笔画或部件（部件又称“汉字构件”，作为汉字字形结构的基本单元，具有组配汉字的功能，常由笔画构成，介于笔画与部首二者之间），或转写为非常见之字，或借用音义相同之字，或将不同之字合为一字，或分一字为一句，以此隐藏的方式来表达真正的含义。

例如，“川大车日（顺天转明）”这一隐语，分别通过隐去“顺”、“转”和“明”三字中的“页”、“专”和“月”，以及“天”中的“一”等笔画或部件而成。又如“川大丁首（顺天行道）”这一隐语，分别通过隐去“顺”、“行”和“道”三字中的“页”、“彳”和“辶”，以及“天”和“亍”中的“一”等笔画或部件而成。再如，“满”通过隐去部分笔画或部件而转写为“氵”加“雨”字，“清”通过隐去部分笔画或部件而转写为“氵”加“月”字，等等。为增强语用表达效果，有时会将某字转写为非常见之字。例如，用来表达“像羊肉的气味”，一般用“膻”字，但“膻”常会被转写为“羴”，由三羊组配而成的“羴”在表达效果上更具形象性与生动性。又如，借用音义相同（相近）的汉字、字母或数字来表达真正的含义，这类隐语在青少年群体中较为常见，如“集美”借指“姐妹”，“歪果仁”借指“外国人”，“U1S1”借指“有一说一”，等等。再如，将不同之字合为一字，以此来增强特殊的语用表达效果，也是常见的藏字类隐语，如由“功”和“夫”组配而成的“巭”，自 2008 年《功夫熊猫》热播以来，“巭”便成为对那些会中国功夫人的简称。

（五）体态类隐语

体态语作为非语言交际符号，相比于文字等语言交际符号而言，更易于隐藏真正表达的含义。这类体态语以创立于明末清初的地下秘密组织“洪门”最具代表性。例如，双手高举头顶且双掌相对，则表示“金”；两臂相交且置于腹前，表示“木”；两手于胸前相对，呈蹲姿，则表示“土”；双臂上举于肩膀两侧，右腿前屈，双掌上翻，表示“火”。

三、隐语的运用

结合隐语的特点，在隐语运用的过程中，大体应注意以下几个方面。

（一）用于某特定行业或群体内部

隐语创制之初即为行业或团体内部交际之用，其常常表现为黑话。对外保密是这一类隐语使用的基本属性。例如，《智取威虎山》中，在土匪黑帮内部，有特定的隐语表达。在物品类隐语的表达上，杨子荣初上威虎山，主动要了一碗“浆子（酒）”。杨子荣在和压寨夫人交谈时，说“给您添富海（沏茶），齐颗草卷（敬烟）”。在为座山雕祝寿时，将菜说成“软富”，将灯笼说成“亮子”。在动作类隐语的表达上，杨子荣进山门前，土匪们让他“压着腕（枪朝下）”，他则对答为“闭着火”。杨子荣假称胡彪，土匪们让他“甩个蔓（报个姓）”，答到“烧干锅蔓（姓胡）”。杨子荣带土匪们下山时，说“砸窑（抢劫）”，让土匪们“灌上去（冲上去）”，等等。

（二）用于特定身份的验证或识别

隐语用于不同行业内部或特定群体，因此从事不同行业的人，在言听者彼此运用隐语交际的过程中，可以验证或识别彼此的身份。不同行业的隐语，有特定的使用规则和表达需求，比如以前东北地区的土匪经常会通过对话式的盘问，来验证是否为同路中人。这里的隐语也常常表现为黑话。仍以《智取威虎山》为例，杨子荣在进山后开始接受土匪们的盘问。

匪：横在哪个山头啊？（在哪做土匪？）

杨：正晌午时说话，谁也没有家（许大当家的山头）。蹬空柱马号副官胡彪（看马官）。

这组对话中，“说话”即“言”，“正晌午”即“午”，言午即“许”。“谁也没有家”即“在旅途之中”，是许旅长的部下。本处对话巧妙地运用了与称谓相关的隐语。

（三）用于行业或群体的互动交际

以商业隐语为例，为了行业内部及所在群体的互动交际，人们往往采用特定的隐语表达。例如，回族社群内部为保护本民族的商业机密所使用的隐语有“踩（走）、不严（不行）、春子（牛）、长脸子（驴）、哧不楞（灯）、爬山子（羊）、岁福态（人的五官、长相）”，等等。

第二节 黑话的范围及运用

一、黑话的性质

黑话在《现代汉语词典》（第 7 版）中的释义为：“❶帮会、流氓、盗匪等所使用的暗语。❷指反动而隐晦的话。”在《汉语大词典》（第 12 卷）中的释义为：“❶吓唬人的话。❷旧时帮会、无业游民、盗匪等所使用的秘密话。❸反动而隐晦的话。”黑话常指犯罪集团或黑社会组织成员之间为了交流的隐秘性，而用彼此都明白的话语来表达特定的交际内容。“黑话

是某些不良甚至黑恶社会群体所使用的一种有意不让外人所知晓的秘密词语，是隐语最重要的分支之一。”（曹炜，2005）

黑话，在特殊的年代里常常出现在土匪等黑道人物嘴里，目的就是要让局外人不明就里，而只让有必要明白其意义的人明白。例如，2010 年 7 月 22 日中国新闻网刊登一篇题为《抗日名将刘桂五曾参与西安事变，蒋介石为其写挽联》的文章，说：“当年追随白凤翔时，刘桂五学到一手‘掏老窑’的好身手。”又解释道：“所谓‘掏老窑’，是东北绿林土话，就是绑票。”该文又道：“此次会面仅半个小时，刘桂五就将蒋本人居住环境及警卫情况熟记于心，用东北绿林土话此称‘踩盘子’。”所谓“踩盘子”就是探路的意思。一些黑话词语，由于使用既久，更由于现代社会媒体的推动作用，其中本不欲人知的一些内容可能已为不少人知晓了。也就是说，这些黑话词语的遮蔽性已不很强了。例如，“鸡”指妓女、暗娼，“鸭”指男妓，本是黑话词语，但近年来已经使用开来，它们的意思已为不少人知晓了。黑话词语的意义亦有可能发生转指，如“踩点”原指事先侦察要打劫的对象的情况以及打劫的路线等，现已可指为一些正当的工作去探路。

二、黑话的范围及特征

（一）黑话的使用域分布

根据黑话表达的语义内容和适用的地域，其范围大体有如下一些类别：

1. 海外类

海外类一般指流通于中国内陆地区以外特定区域的黑话。例如，“青”指“刀、刃器”，“狗”指“枪械”（一条狗即一支枪），“雀”指“各种香烟”，“肥羊”指“有钱的人”，“炖冬瓜”指“中国香港高级警察犯了错误，降职为普通警察”，这几个词语多流行于中国港澳地区。“啤灰（白面，一种毒品）、大祠堂（监狱）、五粒野（五万元港币）、削死牛（抢劫）、莲子羹（子弹）”等皆属此类。

2. 赌博类

用于赌场或在从事非法赌博行为的过程中，在赌博团伙内部对赌具、赌资等从事非法赌博活动时所使用的特定的称名。例如，“拍准”指“出牌后又偷取回，此系牌九赌博黑话”，“活手”指“玩牌手段高明灵活会作弊者”，“摇堂”指“赌场”。“靶儿（新赢的钱）、盗令（将骰子夹于指缝以调换伪品）、过搭（偷换吃牌）、猴爷（老年人）、桃花（只赔不吃）”等都是赌博类黑话。

3. 占卜类

占卜算命从业者用于本行业的黑话。例如，“班色”指“以观人神色断吉凶”，“将康”指“骗人”，“代口”指“价目纸”，这是席地摆摊测字算命者的行业黑话，“九宫”即“以一字作三种折合附会”，是席地摆摊测字算命者的行业黑话。“桥梁（桌上测字，此为古代测字占卜行当黑话）、小黑（测字者）、骑门（门前祭以菜饭，清末民间巫婆常用黑话）”等皆属此类。

4．盗匪类

盗贼劫匪在从事不法活动或实施犯罪行为的过程中，在其团伙内部交际所使用的行业黑话。例如，“秀”指“窥视或偷看”（在江浙及广东等地比较流行。不法分子在窥探机会时称作“秀”），“佛爷”指“窃贼”（此类人员多犯有相当程度的盗窃罪行。一般都有数次被拘审的记录。此语流行于京津一带，在不法分子中尤甚），“插了”即“杀了”（东北土匪黑话）。“把风（在门口看望，以防被捕）、挂注（入伙）、胡子（土匪）、打食（寻找打劫对象）”等皆属此类。

5．黑道类

黑道指有组织地通过违法犯罪活动或其他手段牟取经济利益，具有一定经济实力的黑恶团伙。黑道类黑话如“侃爷”指“从事诈骗的不法分子”（此语流行于京津一带，不法分子中尤甚），“摆平”指“以武力征服对方的意思”（社会闲散人员、小团伙及不务正业者在发生矛盾时，常将付诸武力，打群架斗殴，称为摆平，此语流行甚广）。“黄鱼（金条）、进水（送人财礼）、老渣（贩卖人口的人贩子）、人蛇（从中国内陆到中国香港的偷渡者）、钻笼子（上当受骗中圈套）”等皆属此类。

6．称谓类

对人或物等不同对象进行称名时所使用的黑话。例如，“欠”指“亲儿子”，此语在东北地区较为常用；“节”指“大雁肉”，此语流行于中国南方部分地区江湖客中；“底彩”指“老婆”，此语多流行于中国江皖一带的江湖客中；“笑虎”即“面”，这是一种藏词黑话，出自“笑面须”。“半儿（未出嫁的女子）、露脚（马）、碰子（钉）、一大（天）、二花脸（说话自相矛盾的人)”等皆属此类。

7. 文体类

旧时在魔术戏法等特定领域所流通使用的行业黑话。例如，“苗”指“魔术戏法表演中所用的线”。又如，“抛托”指“魔术戏法表演中，演员因失手而被观众发觉，也称‘抛了活了’”。再如，“掐活”指“魔术戏法演员在演出前准备服饰、道具等工作”。其他还有“把子（魔术戏法表演中所使用的铁棍或木棍一类的道具）、过梁（魔术戏法表演中所用的特制的彩桌）、护托（魔术表演中掩护变出彩品的带有秘密机关的道具）、帘（魔术表演中所用的各种颜色的纸条）、瓢子（魔术戏法表演中变出来的人）、粘托（魔术表演前将节目中变出来的东西藏于身上）”等皆属此类。

8. 医药类

在医药行业，指非法从事药品生产、加工、经营的团伙或不法分子所使用的行业黑话。例如，“香汉”指“江湖郎中用五香粉、小茴香等配制的假药，治不好病，但也不至于造成人员伤亡”，“黑党”指“同伴人”（此为药商之黑话）。“晚停”指“卖完”（此为药商之黑话），“古董”指“买主不爽”（此为药商之黑话），“勃来”指“生意好”（此为药商之黑话）。“搬柴（给人拔牙者）、占谷（撂地摊给人看病的人）、插未（针灸）”等皆属此类。

（二）黑话的常见特征

1. 黑话是语言的社会变体

黑话是语言的社会变体，属于一种偏离主流文化的亚文化。这种偏离包括偏离主流文化所遵循的道德、法律、行为规范等。例如，犯罪嫌疑人、黑社会组织成员为了从事特定的犯罪活动，常常在其所在的流氓、盗抢、匪帮、赌场、淫秽场所等组织或地方使用黑话，以达到实施犯罪而不易为人识破的目的。

2．黑话有特定交际语境

黑话有其特定的交际语境和适用范围，一般是特定团体组织在实施犯罪活动过程中，供团体组织内部成员交际之用，如赌博团伙在实施非法赌博过程中，为逃避法律制裁对各种赌具及赌资的称名，还有盗抢团伙在实施非法盗窃抢劫过程中对盗抢物品的称名。黑话作为避免他人知晓而采取的用于特定群体内部成员交际的符号代码，其交际意义与本意往往毫无关联。例如，医药类黑话中，“桥”指“看货”，“海外”指“虚价”，“老相”指“老买主”，“卧党”指“非同伙人”，“杂奴”指“最低的开价”。

3．黑话有特定交际人群

黑话的交际人群属于某一特定团体或黑恶势力组织，黑话是这些特定人群的人际交往与信息传递的交际符号。其中，因为从事非法犯罪的行业各不相同，所以黑话在使用过程中因不同领域犯罪属性的不同而往往有各自专属的表现形式。

4．黑话有特定语义内涵

在某一特定团体或集团内部，只有成员之间才能破解彼此的语义信息，如贩毒集团为躲避法律制裁而采用如下的信息传递方式，用“海哥和英妹”去替换“海洛因”，用“鸡腿”去替换“手枪”，从而达到运用黑话去掩饰交易信息的真实语义。

5. 黑话有特定形成背景

黑话最初是在社会分工的大背景下，流通于某一社会群体内部的语言。早期黑话多出自于江湖绿林人士在劫富济贫时所使用的一种内部秘密联络的语言。明清时期，因受封建统治阶级的胁迫和经济剥削，为了争取更多的话语权和生存权，各种派别和团体组织在全国各地纷纷成立。其中，比较有影响的如反清复明的“天地会”和“哥老会”等。为躲避官方的制裁和打击，适用于这些派别及团体内部的江湖黑话及隐语日益增多起来。例如，流行于丐帮的黑话“吃巧（买赃品）、两夹（扒钱）、有水（有钱）、姑儿子（官宦）、软尖刀（阴恶之人）”等，即属此类。

6. 黑话具有地域性

结合不同地域的方言特点，黑话在不同地域形成过程中也有不同的称名。例如，中国香港地区将警察称作“条子”，将刚出道的街头地痞称作“细尾”。再如，流行于粤闽一带的“蝶”（助手），流行于江西、两湖及两广的“拖货”（假证明），流行于两湖、两广一带的“彩神”（不明身份的女人），流行于江皖一带的“下胯”（打拳比武），流行于江西、两湖及两广一带的“相客”（同行朋友），流行于江浙沪一带的“白条鱼”（用做防身或凶器的条状小刀）等体现出地域性。

7. 黑话多为口语体

加入黑恶团体组织、从事非法活动的人员大多没有受过良好的教育，生活在社会底层，因此他们在从事非法活动及使用黑话的过程中，其语体风格常常表现为听说类的口语体，以便在口头的言语交际过程中实现其人际互动和信息传递的功能。这从黑话的构成及使用语境中不难看出，如“开条子”指“拐卖妇女”（此语为旧时黑社会流传下来的一句黑话），“水佬官”指“游手好闲、替人斗殴、逼债的不法分子”（此语流传于两湖一带的农村），“山上下来的”指“从劳教或劳改场所释放出来的人”。

第三节 黑话的运用

结合黑话的语义特点及与其共同语的关系，以下来谈谈黑话的运用问题。

一、黑话的语义特点

第一，针对同一犯罪行为，不同团伙往往因地区差异而使用不同的黑话词语。例如，“流氓打架一对一”，贵阳黑话用“单扁”，江西黑话用“单调”，黑龙江黑话用“单拍”，北京黑话用“单挑”或“单走”；“偷窃自行车”，辽宁、四川、黑龙江黑话用“登飞轮”，北京、沈阳黑话用“登飞子”，吉林、陕西黑话用“登轮”，南昌黑话用“借马”；“偷窃别人的行李”，四川黑话用“吃瞟眼”，贵阳黑话用“吃条敛”，洛阳黑话用“掂了”，沈阳黑话用“盖方包”，北京、青岛黑话用“滚大包”；“强行向扒手索要钱财和赃物”，河南黑话用“吃二馍”，北京黑话用“吃拂”，黑龙江黑话用“吃横”；等等。

第二，用于称谓犯罪对象或犯罪人员的黑话因地区不同或创制时期不同而不同。例如，“扒手”，上海黑话用“挨摸老”，北京黑话用“白钱”，重庆黑话用“财扒”或“砍家”；

“裤子兜”，黑龙江黑话用“底包”，辽宁黑话用“地洞”，贵阳黑话用“裤包”，青岛黑话用“偏厢”；等等。

第三，黑话中多义词语的一词多指现象存在较多。例如，“放倒”既可以指杀人，也可以指把人打倒；“吃炸钱”既可以指当地违法犯罪人员敲诈、洗劫流窜作案人员，也可以指惯犯洗劫初次作案的人；“牵羊”既可以指偷窃未锁的自行车，也可以指偷晾晒的衣物；“笼头”既可以指带拉链的钱包，也可以指衣服纽扣；等等。

二、黑话和共同语的关系

黑话源自民族共同语，它借用共同语的语音、语法、词汇、修辞等，来进行特殊创制。同时出于对犯罪团伙保密性原则的要求，犯罪团伙要不断地用新的犯罪黑话来替代已被识破的旧的犯罪黑话。所以，犯罪黑话就必然与共同语一同，随时间发生改变。熟悉犯罪黑话，尤其是先前社会所传承下来的犯罪黑话，能够帮助警方有效侦破案件，也可以帮助我们了解共同语的变化轨迹。

第四节　社会方言词的规范

社会方言是在社会群体的不同文化、习俗、职业、社会地位等社会因素的影响下所形成的语言变体。这种语言变体不仅包括口语中的词汇和用语，也包括语音、语调和语言习惯。隐语、黑话等都是社会方言。

社会方言的词语常常反映出特定社会群体的特点和文化

背景。例如，在一些社会方言中，可能会使用一些特定的词汇和短语来表达某些含义，而在标准语言中使用的是不同的词汇和表达方式。例如，在某些地区，人们可能会用“斜眼”来形容一个人很漂亮，而在标准语言中则使用“美丽”或“可爱”等词语。

此外，社会方言的语音、语调和语言习惯也常常与标准语言有所不同。例如，在一些社会方言中，人们可能会使用一些特定的语音和语调来表达某些情感和态度，而在标准语言中则使用不同的语音和语调。

总之，社会方言是由社会群体的语言变体所形成的，其词汇和用语、语音、语调和语言习惯等方面都与标准语言有所不同，反映了特定社会群体的文化和语言特点。

社会方言词的规范可以从使用者的年龄、性别和行业三个方面来考虑。

第一，不同年龄的使用者往往组成不同的言语社团。以互联网上青少年使用的社会方言词为例，从缩略类、新词语类、外来词类、称谓类、詈骂类等黑话类别看，这些词语大多为 2000 年以后出生的青少年群体所使用。因此，对于老年一代（如 60 周岁以上）和中年一代（如 40 周岁以上）而言，一般不大会在言语交际过程中使用这类社会方言词。老年一代与中年一代有对应于各自年龄群体的言语社团，相应地也有适合他们的社会方言词供其选择使用。因此，不同年龄群体应有不同的规范标准，来适应其不同的使用需求。

第二，不同性别的使用者同样组成不同的言语社团，并且在社会方言使用过程中，各具特色。男性在与人发生冲突或矛盾时，容易指责对方并使用詈语。而女性在与人发生冲突或矛盾时，则往往会采取比较平静、缓和的方式，通过交谈来达到解决问题的目的。这种差异导致在针对不同性别的社会方言规范方面，应有不同的衡量标准。

第三，不同行业领域因群体需求不同，往往有各自特定的行业用语，也就是由于使用者职业不同而产生的对应于不同行业的职业变体。前文所谈及的黑话是流行范围相对较窄的职业变体，只限定在特定的社会集团内部、在特定环境下使用。社会方言词在不同行业的规范过程中，应采取群体内部使用者共同遵守的原则进行规范，从而实现人际互动和信息传递的功能。

第十章　语文词典的收条和词语的规范

第一节　词典主要类型和功能

词典，是收集词语加以解释、供人检查参考的一种工具书。词典从语种的单纯和复杂的角度，可分单语词典、双语词典，甚至多语词典。单语词典是用同一语言的解释语对所收词语条目进行解释、供人检查参考的工具书。双语、多语词典是解释语与所收词语条目分属不同语言，即编者针对一种语言的词语用其他语言进行解释，为掌握不同语言的人服务的工具书。词典从所收条目的性质以及覆盖面宽窄等角度，分普通词典、百科词典、专科词典三类。普通词典流通最为广泛，读者面也最广。从时间的角度看，有贯通古今、广泛搜罗各时代词语的词典，如《汉语大词典》；有着重汇集历史上某一共时平面词语的词典，如《宋元语言词典》；有着重汇集现代词语的词典，如《现代汉语词典》（以下略作《现汉》）。从通用和专用的角度看，有的是广泛收取通用词语的词典，如《汉语大词典》；有的是专门汇集某一著作的词语的词典，如《世说新语词典》；有的是专收某种或某些方言词语的词典，如《吴方言词典》《现代汉语方言大词典》。同一种类型的词典，亦会因收词、篇幅等而有大中小型之分，如《现汉》就是收取现代民族共同语词语的中型词典。百科词典，又称综合性词典，广收有关自然科学和社会科学等方面的词语，内容包罗万象，篇幅巨大，如《中国大百科全书》。专科辞典是汇集某一个或某几个相关学科的词语的词典，如《金融学词典》《冶金学名词词典》。此外，还有其他一些分类词典，分别汇集某一范围的词语，如《同义词词典》《反义词词典》《成语词典》《歇后语词典》。词典的性质不同、编写目的和服务对象等不同，其规模大小、收词范围，解释的重点详略等也会有所不同。

词典是用来解释词语意义和用法的工具书，它的主要功能是查找字词，为所收词语注音并提供释义、示例。词典与字典的性质是不同的。现代的字典以收字、释字为己任，如《新华字典》；尽管古时的“字”与现代的“词”在很大程度上存在着交叠，但是古代的字典（如《康熙字典》）仍主要从文字学的角度来解释所收的字，如以汉字“六书”分析字的形体结构，标注字音，阐释字义。中国古代也有主收词语的工具书，如《尔雅》《释名》，但是它们都还不能被称作“词典”，而只能视为词语汇编。词典必须有立目、注音、释义、引例等多项内容，多义词还要分出多个义项，有的还要标注词性。有的工具书被写作“辞典”，那通常表示所收的条目不尽是词语，而可能含有其他的内容，像人物生平、背景介绍、情节分析、使用说明等，如《鲁迅大辞典》《元曲鉴赏辞典》《书法大辞典》《中国药膳大辞典》。

第二节　常用词典简介

常用词典，指的是一个国家的人民日常生活中不可或缺的语文词典，如英语世界最常用的一部词典，就是 *Oxford English Dictionary*（英文略作 OED，汉译《牛津英语大词典》），而现代中国人最常用的词典，就是《现汉》。《现汉》是中国第一部现代汉语规范型词典，即普通话词典，它由中国社会科学院语言研究所（前身为中国科学院语言研究所）词典编辑室组织编写，吕叔湘、丁声树先生先后担任主编。《现汉》诞生的背景是，1955 年 10 月，中国科学院原哲学社会科学部在北京召开"现代汉语规范问题学术会议"，最后通过了《现代汉语规范问题学术会议决议》，决议中提出六条具体建议，其中就包括"组成词典计划委员会"，"拟订《现代汉语词典》的详细编纂计划"。1956 年 2 月 6 日，中华人民共和国国务院发布关于推广普通话的指示，责成语言研究所在 1958 年编好以确定词汇规范为目的的中型现代汉语词典。语言研究所 1958 年初开始组织力量编写，1959 年底完成词典初稿。1960 年，词典分八册由商务印书馆陆续印出，送审订单位审订，是为"试印本"；1965 年，修订后的试用稿分上下册印出，分送有关方面审看，是为"试用本"；1973 年，为更广泛地征求意见，做进一步的修订，并且应广大读者的迫切需要，利用 1965 年"试用本"送审稿的原纸型印了若干部，内部发行；1978 年，《现汉》第 1 版出版；1983 年，《现汉》第 2 版出版，也称"重排本"；1996 年，依据国家发布的《普通话异读词审音表》、重新发表的《简化字总表》《现代汉语常用字表》《现代汉语通用字表》和国家制定的新的自然科学术语标准等，对部分字音、字形和术语进行了新的规范，经全面修订后出版《现代汉语词典》修订本，是为《现汉》第 3 版；2002 年，根据《第一批异形词整理表》对部分词形进行了调整，参考新公布的《夏商周年表》对中国历代纪年表做了调整，根据国家有关标准对计量单位表做了修订，出版《现代汉语词典》2002年增补本，是为《现汉》第4版；2005年，《现汉》第5版问世，新增词语6000余条，删去旧词2000余条，修改了一些释义和例句，基本反映了21世纪初现代汉语词汇的最新面貌，还采用通行中学语文课本中的教学词类系统，全面地标注了词类；2012年，《现汉》第6版出版，收释词语6万多条；2016年，《现汉》第7版出版。持之以恒的不懈努力，精益求精的执着精神，使得该词典与时俱进，成为现代中国权威而规范的一部汉语语文工具书。2019年8月22日，商务印书馆研制出版的《现汉》（第7版）APP发布会在第26届北京国际图书博览会上举行。《现汉》总结了20世纪以来国语运动和白话文运动的成果，第一次以词典的形式结束了汉语书面语和口语分离的局面，第一次对现代汉语进行了全面的规范，注重普通话词汇系统收词的平衡性与全面性，在编纂宗旨、指导理论、编纂理念和收词、注音、释义、用例等方面都有所开创，成为规范型兼具描写型的中型词典的样板和典范，深受中国人民和世界上广大汉语学习者的喜爱。《现代汉语词典》分别于2007年和2013年获第一届和第三届中国出版政府奖图书奖。

《现汉》是系列性的词典，除本词典外，还有《现代汉语小词典》（略作《小现汉》）和《现代汉语大词典》（略作《大现汉》），共同构成一个“现汉家族”。1978年，《现汉》第1版交稿后，为让更多的读者买得起，用得起，在丁声树先生主持下编写了《小现汉》，1980 年商务印书馆出版了第 1 版。之后随着《现汉》的历次修订，《小现汉》按惯例也随之修订，不断完善。进入 21 世纪后，由中国社会科学院语言研究所历时 16 年编纂，江蓝生先生主编的 5 卷本的《大现汉》也即将隆重推出，倍受社会各界期待。《大现汉》是在现代语言学理论、辞书编纂理论指导下，以丰富、扎实的文献和口语语料为基础，以《现汉》为参照而编纂的一部系统记录百年现代汉语词汇面貌的大型原创性语文词典。这部词典收词约 15. 6 万条，字数约 1200 万，无论在规模上还是词典性质和内容上，《大现汉》都跟《现汉》有诸多不同，是一部原创性的大型语文词典。相较于《现汉》，《大现汉》提出了新的编纂理念：共时性与历时性相结合，规范性与描写性相结合，学术性与实用性相结合。《大现汉》的学术特色主要体现在四个方面：（1）收词兼顾普方、雅俗、新旧，体现规范性，增强描写性、查考性和学术性，全面呈现百年汉语词汇面貌；（2）释义提供准确的概念义之外，还尽量提供附加义、搭配义和相关的语用信息、文化信息，以使释义更详确，内涵更丰富；（3）配例丰富多样；（4）收录清末民国时期旧词语。

第三节 语文词典的收条

语文词典分三大类。第一类收词比较精要，入选词语多为语言词汇的核心成分，其中以现代常用词语为主；释义先列常见义，次列不常见义。此类语文词典人称“学习词典”，方便母语者日常生活使用，也比较适合将汉语作为第二语言的人初阶学习使用，但不一定很适合从事专业研究的研究者。第二类收词较第一类宽广一些，只要对读者有参考价值的词语均会收入；所收词语以现代为主，力求全面，包括通用的、专科的，以及百科知识的词语；义项先列词语的中心意义，次列边缘意义。此类语文词典人称“参考词典”，可满足一般研究者的使用。第三类收词最多，属词库性质，供学术研究之用；凡某一时间点之后出现于本民族文献的词语，以及词语的语音形式和形态变体，都予阑入；义项按历史上出现先后排列，各有注明的年代和出处的文史引语为证；分层次释义，多义性的词按基本词义、语境词义、习惯词义注明。此类语文词典人称“研究词典”，可满足高端研究者的使用。三类语文词典间并不存在一个绝对而显豁的分界线，但词典研究者、编者以及部分读者会有一个基本的把握。

词典名曰“词”典，所收对象自然以词为主。但是，词典绝不是仅将词这一种词汇单位作为收录对象，也要收取一些必要的字，适当收取一些语，以及一些词汇性的架构。以《现汉》为例，各版本都将不同类型的词语作为收录对象，第6版除收13000多个单字（主要用作词的字头）外，主收词、词组、成语和其他熟语等69000余条。这近70000条词语，主要是词（含复字词如“文章、计算机、自来水笔、纪事本末体”，和单字词如“吃、狠、天、一”），也酌收一些仂语（如“白衣天使、政治协商会议、中国人民解放军、第二次国内革命战争”）、成语（如“画饼充饥、指鹿为马”）、谚语（如“只许州官放火，不许百姓点灯”）、歇后语（如“老鼠过街，人人喊打”）、词汇性的架构（如用以构作“千军万马、千山万水、千头万绪、千言万语”等的“千……万……”）等。《现汉》是汉语现代共时的语文工具书，所收词语，在现代人的使用中要具有常用性、普遍性，构词的理据性也要强一些、显豁一些。《现汉》除主收现代社会常用而且为现代的语言使用者易于理解的词语外，收词范围也很广，主要包括：产生于古代书面语而也用于现代的词语，常在释义时标以“〈书〉”符，如“稼穑、见背”；产生于不同时代而多用于口语的，常在释义时标以“〈口〉”符，如“挪窝儿、顺当”；新词语目前不加标记；汉语方言中的词语或特殊区域的异地词语、进入共同语中的方言词语常在释义时标以“〈方〉”符，如“抬裉、旺子”；属于共同语而创造并用于本国特殊区域的“社区词语”，目前不加标记；多流行于市井间的俗白词语，常在释义时标以“〈口〉”符，如“损招儿、褪套儿”；某些特殊行业中的专门词语，如用于教育领域的“课件”，用于外交领域的“领事裁判权”，用于细胞学的“靶细胞”，用于政治学的“零和”；受异域文化影响而产生的词语，如“ABC、DNA、B超、卡拉OK”这样的字母词；等等。收录上述词语时，所依据的原则与收录普通词语的原则大抵相同，也主要是两条：常用性和通用性原则、理据性原则。

一个词语的长度，称为词长。一般道理上说，一个词语的词长是没有特别的限度的，只要说者可在一个特定的不间断的时间内将其说出。例如，《通俗编》所收词长最长的条目是32字的“春雨甲子，赤地千里；夏雨甲子，乘船入市；秋雨甲子，禾头生耳；冬雨甲子，牛羊冻死”，英国循道会牧师斯卡勃鲁斯（William Scarborough）于光绪元年（1875年）在上海美华书馆（American Presbyterian Mission Press）出版的《谚语丛话》（*A Collection of Chinese Proverbs*），所收词长最长的条目是40字的“房屋不在高堂，不漏便好；衣服不在绫罗，和暖便好；饮食不在珍馐，一饱便好；娶妻不在颜色，贤德便好”。但是，一部规范型的词典，对所收词条的词长是有要求的，因为词长太长，无论从生理上还是心理上看都是语言的说者难以承受的，词典版面也难以容纳。《现汉》各版所收的词语，词长最长的是12个字构成的“只许州官放火，不许百姓点灯”。《现汉》所收最多的词还是双字词，双字词中所收最多的就是复合词（如“打击、非常、美丽、要素”），也有派生词（如“阿姨、老鹰、筷子、敢于”）、单纯词（如联绵词“凤凰、梧桐”，外来词“基因、坦克”）。

第四节　词语规范的必要性

语言规范化非常重要，作为语言要素之一的词汇，其规范化直接关涉语言的规范化。1951年6月6日到12月15日，《人民日报》连载吕叔湘和朱德熙两位先生的《语法修辞讲话》，翌年出版单行本。该书包含语法和语言规范两方面内容。关于语言规范，该书倡导结构、语义、表达全面规范的思想，坚持动态规范观、柔性规范观和约定俗成原则。《语法修辞讲话》将结构纠缠、结构含混、结构不整等需要规范的语法现象，褒贬错用、大词小用、同义误用，自相矛盾、主客倒置、无心晦涩等语义和表达层面上的词汇规范现象悉数胪列出来，反映了两位学者所秉持的动态规范观、柔性规范观，表现出他们对语言发展约定俗成规律的尊重。《语法修辞讲话》是语法著作，作者所谈到的规范问题自然主要是语法问题。但是，其中相当一部分其实也是词汇规范、语音规范要考虑的内容。当时的中国，百废待举，党和政府之所以将语言规范问题放到如此重要的位置上，是因为语言是人类社会最重要的交际工具和传播文化的重要载体。语言不规范，人们就无法做到快捷、顺畅、准确、完美地表情达意，人与人之间的沟通就可能出现窒碍，对社会正常交际与和谐发展有害无益。中国幅员辽阔，民族众多，加之汉语方言的多样性，这些都给中国不同地区、不同民族之间人们的交际带来一些困难。作为唯一能够跨越汉语方言隔阂，沟通各兄弟民族交际的普通话就成为中华民族大家庭的共同语言。2001 年 1 月 1 日，《中华人民共和国国家通用语言文字法》正式施行，标志着我国的国家通用语言文字的使用全面走上了法制的轨道，对于促进祖国统一、民族团结、社会进步意义重大。

词语规范主要可从以下三个角度加以考虑：一是从地域的角度加以考虑，二是从时间的角度加以考虑，三是从使用的角度加以考虑。从地域的角度考虑，一些词语是来自域外的语言或国内的汉语方言，对民族共同语来说或许并不适用，并且绝大多数是民族共同语说者感觉陌生的，因而需要加以规范；从时间的角度考虑，一些词语是古代某个历史时期存在过的，而今鲜少为大众所用，甚至难以为今人所理解，它们可能只出现在个别人的仿古之作中，因而必须加以规范；从使用的角度考虑，一些词语是某些个别人自造的，大众并不理解，更不会使用，对这些词语加以规范也是题中应有之义。

长期以来，词语不规范使用的问题比较严重，尤其是一些广告用语的不规范问题。某些商家为了达到攫取商业利益的目的，故意使用不规范的词语，比如他们常将一些成语用字换成他字。而在广告的强势影响下，久而久之，这样的不规范用语蔓延开来，一些人甚至不知道这些词语本来的正确写法，造成了混乱。比如，止咳药广告的“咳不容缓”源自“刻不容缓”，颜料广告中的“好色之涂”来自“好色之徒”，蚊香广告中的“默默无蚊”取自“默默无闻”，鞋帽店广告的“以帽取人”变自“以貌取人”等等。这些都属于生造词语，是不规范使用的现象，对社会的消极意义大于积极意义。国家规定学校及其他教育机构要教育青少年规范使用语言文字。对此，学校有义务，家长有责任，全社会都要把规范使用语言文字提高到新的高度来认识，要为中华民族的伟大复兴而努力推行规范的语言文字，这是历史赋予我们的光荣使命。语言文字工作的核心内容是促进语言文字的规范化、标准化。语言文字的规范化、标准化中，词汇的规范化、标准化至关重要，需要语言的全体使用者共同遵循，共同推进。

第五节　词语规范化的内容

各个国家的民族共同语，都有自己需要规范的内容，词汇方面规范的任务尤其艰巨。汉语普通话词汇的规范化工作主要包括方言词的规范、外来词的规范、古语词的规范、新词语的规范和行业词、术语词的规范等五个方面。

一、方言词的规范

任何一种民族共同语，都是在众多方言的基础上形成的。汉语方言（和一些少数民族语言）对民族共同语的形成和发展有着不容忽视的影响。然而，并非所有的方言词都对民族共同语词汇的形成和发展有益。需要慎思明辨的是，哪些词汇单位仍旧隶属于某个语言社团而尚未进入共同语，哪些词汇单位早已成了共同语中的恒定性的单位，哪些词汇单位是不久前才进入共同语而还带有方言印迹的成员。

现代汉民族共同语词汇，是这种民族共同语中为语法所组织的建筑材料单位。汉民族共同语是历史的产物，是以汉族为主体的华夏民族在长时期的发展中形成的结果。我国是一个地域广博、人口众多的文明古国。地域广博、人口众多使汉语在历史发展中形成了方言歧出的丰富复杂的局面。方言是民族语言在地域上分化的结果，是民族语言在地域上的支派。现代汉语的方言，就是汉语在地域上历史演变的结果。方言歧出的局面对于一个统一的民族社会来说是不利的，它不利于人们的交际、交流和沟通，不利于政令的颁行，也不利于文化的传播和贸易的往来。因此，从先秦时期起我们的祖先就为建立并推行一种全民族共用的标准语进行过不懈的努力。记录孔子言行的《论语》一书就记载道："子所雅言，《诗》、《书》、执礼，皆雅言也。"雅言，即雅正的语言，说明在孔子生活的时代，能有一种规范的标准语供世人使用是孔子这样的圣贤的伟大梦想。到了汉代，扬雄所著的《輶轩使者绝代语释别国方言》（以下简称《方言》）在记录一些地方的方言时使用了“通语”、“通名”和“四方之通语”这样一些术语，说明在汉代已存在着以中原地区的方言为基础的共同语。大一统的共同语为大一统的社会所呼唤，共同语的形成往往有赖于社会的政治、经济、文化的条件。辽、金、元、明、清五代定都北京，使北京成为中国政治、经济的中心；以《红楼梦》为代表的一批文学名著用以北京话为核心的北方方言写就，也标志着北京是中国文化尤其是汉文化无可争议的中心。共同语是全民的共同语，共同语的推广当然也要依赖全民的参与，然而这在封建社会漫长的历史时期中是难以做到的。处于奴隶社会和封建社会转型期的孔子时代，推广共同语还只是那一时代的先知先觉者的自发行为；处于封建社会末期的清雍正朝倒是使之过渡成了一种政府行为，在皇帝亲颁的诏书中饬令地方官员“务期语言明白，使人通晓，不得仍前习为乡音”，但那只是对官员的一种约束和要求，对一般民众的影响则微乎其微。当人类脱开封建主义的尘封历史而进入资本主义的历史进程中，推广共同语便成了一项重要的内容，英国的工业革命是这样，日本的明治维新也是如此。然而，由于资本主义在我国先天不足，本应由资产阶级革命完成的在全民族、全社会推广现代汉民族共同语——普通话的责任就历史地落在了现代中国人的肩上，要在进行经济建设的同时完成共同语的推广和普及的任务。

在汉民族共同语形成之初，须得有一种为全民族所认同的方言充作它的基础方言，北方方言就众望所归地成为这种基础方言。现代汉语普通话中的语言成分绝大多数都来自北方方言。在现代的汉民族共同语出现之前的两三千年前，华夏民族也曾有过自己的共同语，如自周初开始形成并在那以后的千年左右的时间里逐步完善的通语，也是以某一种方言为其基础方言的，这种方言就是关中方言。作为基础方言，北方方言和关中方言都对共同语的形成和发展有着或有过不可估量的作用。但是，应该看到，基础方言之外的方言对共同语的形成和发展也做出了不可小视的贡献。民族共同语只是一种在自然语言基础上加过工的语言形式，如果一种共同语只在一种方言的基础上形成而不是博采众方言之长，即不是将其他方言中有用的成分纳入其中，那么这种共同语势必是贫乏的，缺少丰富多彩的表现力和鲜活的生命力。事实上，世界上各个民族的共同语几乎没有一种是只依赖基础方言形成的，总要从本语言的其他方言甚至其他语言中吸收养分以弥补自身的不足。

古代通语是以某个方言作基础方言的，是以基础方言中的词汇单位作为其词汇的基干的。现代的汉民族共同语更是如此。1955 年的现代汉语规范化学术会议提出现代汉语普通话的词汇规范标准是“以北方话为基础方言”，那其实就只是对已形成的历史状况的一个总结，最多可以说它对共同语在那以后的发展起到一个指示前景和前途的原则作用。因为早在那原则被制定出来之前的千百年间，我们的一代又一代的先祖正是这样做的，汉民族共同语也正是循此途径一路发展过来的。千百年来汉民族共同语始终是以基础方言的成分作为其构造的根基，非基础方言的方言成分不是主流部分。

任何一种民族共同语的形成，都要以某一种方言为其基础方言。但是以某一种方言作基础方言并不意味着完全排拒其他方言在共同语形成过程中所可能发生的作用；事实上在共同语形成的过程中，往往是基础方言起一种定基调的作用，而另外的诸多方言也为共同语的日臻完善各自施加自己的影响力。以《方言》为例："速、逞、摇扇，疾也。东齐海岱之间曰速，燕之外鄙、朝鲜洌水之间曰摇扇，楚曰逞。""摇扇"和"逞"的"疾"义虽未作为共同语的成分被保留下来，但"速"却一直使用至今，成为共同语的基干成员，尽管它的出身并不是作为当时通语的关中方言。仍以《方言》为例："食阎、怂恿，劝也。南楚凡己不欲喜而旁人说之，不欲怒而旁人怒之，谓之食阎，或谓之怂恿。"南楚方言的"食阎"虽未进入通语并因此而流传下来，但"怂恿"却不但进入了通语，而且还进入了共同语，非关中方言的出身并未阻碍其在通语和共同语中充当一个不能或缺的角色。

现代汉民族共同语的形成，固然是以北方方言作基础的，固然是以北方方言的词汇单位作为其词汇的基干的，但是其他方言对共同语的形成、对共同语词汇的形成的影响更显而易见。普通话中来自非北方方言的词汇单位俯拾即是，如来自吴方言的"龌龊、垃圾、拆烂污、亭子间"，来自粤方言的"靓、马蹄、宵夜、顶呱呱"，来自湘方言的"堂客、伢子、红薯"，来自客家方言的"番茄、水客"，来自闽方言的"妈祖"。共同语的词汇受到基础方言之外的方言充实、丰赡的情况是显然的，不足为奇。其实，岂止是基础方言之外的方言可以充实和丰赡共同语，由若干种语言构成的大的语言社团中的众多非基础语言，也对族际交际语的充实和丰赡有着不可低估的作用。中国境内的普通话就是现代全中华民族的族际交际语，这种族际交际语固然是以汉语为基础语言的，但其他民族语言的词汇也对充实、丰赡普通话的词汇系统发挥了应有的作用。普通话词汇系统中就有不少来自少数民族语言的词汇单位，像来自蒙古语的“哈达、那达慕”，来自维吾尔语的“热瓦甫、肉孜节”，来自藏语的“噶厦、朗生”，来自哈萨克语的“冬不拉”。

二、外来词的规范

外来词是就一种语言中渗入的另一种语言的词汇而言的。只要这种语言不是封闭的，而与其他语言有所交通，只要这个民族是愿意与其他民族和谐相处、共同进步的，它的语言中就可能存在着数量不菲的外来词，这个语言的说者就不可能排斥外来词的进入和使用。细究起来，如今世界上发达的语言，恐怕没有哪一种是完全凭靠自身发达起来的，而总是吸纳、借鉴、融合了其他一些语言的成分而后发展起来的。汉语是一种非常古老的语言，使用人口众多，国家版图辽阔，但是无论在古代还是在近现代汉语都吸收了大量的其他语言的词汇成分。前面说过，外来词引进汉语主要是两个时期：第一个时期是上古末期至中古时期，随着佛教文化的传入，西域诸语言尤其是梵语外来词进入汉语；第二个时期是近现代时期，随着西学东渐，英语、日语、俄语等东西方语言的外来词进入汉语。汉语这样使用人口众多、人口分布的地域辽阔的语言，它与其他语言的接触，从未停止过。汉语的底层，应该是融合了历史上不少语言（方言）的成分的，包括汉语自己的方言，也包括其他民族的语言，如西域诸语言。

西学东渐以来，英语外来词，日语外来词，更对中国近代社会和现代社会影响甚巨。来自英语的如“基因、克隆、盘尼西林”，来自日语的如“干部、临床、团体、人气、消防、五十肩”。改革开放以来，汉语从英语、日语引进外来词的势头未曾稍减。此外，汉语从其他西方或东方语言引入的外来词，也有很多，如前提到的来自俄语的“杜马”，来自德语的“阿司匹林”，来自西班牙语的“探戈”，来自希腊语的“犹大”，来自新拉丁语的“乌托邦”，来自阿拉伯语的“主麻”。境内少数民族词汇对汉语词汇的丰富和发展也起到了重要的作用。可以说，正是由于有如此众多的境内外语言的“辅佐”和“资赡”，才成就了汉语历史上和如今的辉煌。

外来词的引进，有的是直线引进或借出的，有的不是直线引进或借出的，可能经历了一个辗转的过程。也就是说，外来词不见得都是由甲语言直接译借进乙语言的共同语的，也有先由甲语言借进乙语言的方言，再由乙语言的方言进入乙语言的共同语的。例如，“脱口秀”的“秀”来自英语的show，先在粤语中扎下根，然后才由粤语进入汉语普通话的。又如，“瓦斯”是荷兰语的gas先传入日语，再传入汉语的。外来词还有一种情况是先由甲语言所造，后为乙语言引入，同时在甲语言中消失，最后再由乙语言回归到甲语言中。这样的词有学者称之为“飞去来词”。例如，“相扑”在南北朝到宋元时期是我国的一种体育运动，这个词也是当时习见的词。但是随着这种运动传入日本并成为日本的国技，“相扑”这个词成了日语中的一个基本词。当相扑这种运动从中国社会逐渐消失，“相扑”这个词伴随着日本文化的大举进入而返回汉语，但给中国人的感觉好像就是日本人所造的词似的。

外来词，只是一个比较笼统的说法。外来词以词的单位为主体，但不能排除它还有其他的一些单位。首先是外来字。汉语中是有来自其他语言的外来字的，它们可大致分别为两类：一类是直接引用他种语言的文字的，如来自日语的“辻、畠、畑、腺、膣”；另一类是专为借自语言的概念另造的，如为梵语造的“佛、昙、钵、塔”。有的外来词被引入后，借入语言甚至不惜为其专门造字，即因词造字，如单字的“佛、僧、塔、昙”，复字的“袈裟、氍毹、醍醐、箜篌”。现代汉语中因外来词造字而成就的复字词，不太多见，如“喹啉、哒嗪”；专门为译借外语成分的译音用字倒是出现不少，如“嗪、哌、脎、溚、萜、酮、肟、芴、茚、腙”。标示外来语素的单字虽也可能有一些构词能力（如由“啤”构成“啤酒、罐啤、听啤”，由“吧”构成“酒吧、氧吧、陶吧、网吧”，甚至“演艺吧、寿司吧”），它的构词能力还是无法与有义汉字相匹敌的。外来词略作字来用，以构成新的复合性的词汇单位。例如，“干部”来自日语，略作“干”，再结合以他字构成“审干、提干、干群”等；“啤”来自英语，结合以他字构成“扎啤、瓶啤”等。来自不同语言的音译外来语素可以合成一个汉语的外来词，如“沙俄、扎啤、寿司吧”，此类词或可称复合外来词。

外来语素的现象古已有之，如“劫、魔、忏、佛、僧、尼、昙、塔”均来自梵语。用标示梵语语素的汉字与汉语本有的字结合在一起造成的汉语的词，有学者称之为“梵汉合璧词”（下简称“合璧词”）。合璧词古代有，如“菠菜、禅杖、佛骨、石榴”；现代同样存在，如“卡片、轮胎、啤酒、沙龙”；一些汉语方言中也有踪影，如粤语中的“打波”。合璧词当然不一定都是双字的，也有超过双字的，如“芭蕾舞、冰淇淋、母夜叉、摩托车、沙发椅、高尔夫球、婆罗门教”。它们都是以一个有义字或有义字的组合体为词的一个直接成分，以一个或若干个无义、弃义字的组合体为词的另一个直接成分，组合起来构成的一个整体。外来的词汇成分中，还有一类是固定短语。固定短语有很多种，由姓和名构成的专属词语，也是其中之一。外国人姓名译进汉语而成外来固定短语，也有不少，如“卡尔·马克思”“托马斯·哈代”。

外来词语从结构上看，大体可分为全音译型外来词和半音译型外来词。汉语中全音译型的外来词固然主要来自西语，如“打（量词）、克（重量单位）、扑克、引擎、喀秋莎、奥林匹克”，不胜枚举；但也有一些是来自周边借用了汉字为其书写工具的语言的，如日语。从日语借入的全音译型外来词主要是专名词语，如“佳能”。其他语言借自汉语的音译外来词也不鲜见。例如，英语中的 mandarin 是“官话”的旧译，来自对“满大人”的音译。全音译型的外来词，有的是词的两部分来源不同的，如“闪卡”的“闪”来自英语的 flash，“卡”来自英语的 card。这类全音译型外来词，可称为合成外来词。类似的例子还有“扎啤”。半音译型的外来词，又称“半外来词”。例如，“砂糖”这样的“梵汉合璧词”即属半音译型的外来词。半音译型的外来词又分为三类。第一类是音译加附注的，如法语 ballet 是一种舞蹈。但将 ballet 音译进汉语时既可是“芭蕾”又可是“芭蕾舞”，“芭蕾”就是对 ballet

的全音译，“芭蕾舞”则是音译加上附注的形式。需要注意的是，音译加附注的词，有的是添附注、不添附注均可成词，如“爵士”和“爵士乐”、“芭蕾”和“芭蕾舞”一样，添不添加附注均可成词；而有的则是只能在添附注的情况下才可成词，如“布达拉宫、吉普赛人”。第二类是音兼意译的。音兼意译的半外来词，又称“谐译词”，它在大致译出外来词原词意义的前提下兼顾谐音。例如，Carrefour 汉语译作“家乐福”，E-mail 汉语译作“伊妹儿”，mango 汉语译作“杧果”，bandage 汉语译作“绷带”，talk show 汉语译作“脱口秀”，就都属于音兼意译的英源半外来词。音兼意译的词，有的起初只是某个人的首创，如英语的 humour 是林语堂在 1924 年首次将它译作“幽默”，而后为大众所接受的。大多数的外来词很难考证是哪个人首先使用的，如“蹦极、摩丝、香波、脱口秀、真人秀、时装秀、政治秀”。有的我们可以看出它是来自哪个方言的创造，如“迷你”（英语为 mini）来自粤语。音译兼仿造的词在人名、字号、商品名上表现得尤其突出，如 Ford 译作“福特”，福特产的“全顺”译自 transit。但是社区不同，译法也可能不同。例如，德国产的 Bens，大陆译作“奔驰”，台湾地区译作“朋驰、宾士”。第三类是半音译半意译的。半音译半意译的半外来词，一半是用汉字拟写该外语词的一部分的音，另一半是用汉字翻译该外语词另一部分的意。例如，英国的 University of Westminster 汉译为“西敏寺大学”，New Zealand 汉译为“新西兰”，美国有家名为 Starbucks 的咖啡店，其汉译为“星巴克”，就都属于半音译半意译的半外来词。

音译外来词成为汉语词汇的成员，必然要适应汉语词汇的规律。其中最突出的一点就是双音化。例如，New York 借进汉语成为双音节的“纽约”。其实，New 译作单音节的“纽”情有可原，York 译作单音节的“约”却显牵强——York 译作双音节的“约克”更接近原语言的语音形式，英国的地名 York 在汉语里就没译作“约（郡）”而译作“约克（郡）”可以为证。外来词在译借的过程中也存在先全音译、后半音译的情况，如“卡路里”变为“卡”又变为“大卡”，“大卡”成了半音译外来词。这也符合汉语词汇的造词规律。非双音节的半外来词，多数情况下是对外来的词干不限字数，对本族语的词干限一字，二者相加组成一个半外来词，如“芭蕾舞、巴士底狱、珠穆朗玛峰”。如果本族语的词干超过一字，那所组成的半外来的单位，就不大容易予人词感了，如“芭蕾舞蹈、巴士底监狱、珠穆朗玛山峰”。

意译词又称为“仿译词”，其实更恰当的说法应该是“仿造词”或“意移词”。现在多数学者已不认为意译词还有外来词的资格，但也难以否认它们是根据外语原词的构成方式在自己语言中仿造出来的，或者是按照甲语言中某词的意义和构词顺序搬迁到乙语言中仿造出来的。因此，即使不把意译词看作外来词的一类，而将其看作复合词，也须将该种复合词与普通的复合词区别开来。意译词在不少语言中都是存在的，如，superman 汉语译作“超人”，hot key 汉语译作“热键”，forget-me-not 汉语译为“勿忘我”，information superhighway 汉语译为“信息高速公路”。意译词不仅出现于过去，也可以在现代出现，如英语 match point 被汉语译成了“赛点”，game point 就被汉语译成了“局点”，West Point 被汉语译作“西点”，time out 被汉语译成“暂停”。又如，英语的词 first lady 被仿造成汉语的词“第一夫人”，而英语的词组 lady first 则被仿造成为汉语的词组“女士先行”；英语的 school 可以译作“学校、校园”等，bus 可以译作“汽车、车辆”等，甚至直接写作“巴士”，英语的 school bus 借进汉语，则不写作“学校汽车”等，而写作“校车”——可见双字组合在起作用；blueprint 汉语写作“蓝图”。新词也还有仿译的情况，如先从中国台港澳地区造出后在其他地方流行的新词“会所”即是根据 clubhouse 仿译的。其他还有“黄页”（英文为 Yellow Pages）、“热线”（英文为 hotline）、“年鉴”（英文为 yearbook）、“蓝牙”（英文为 Bluetooth）“二手”（英文为 second-hand）、“小菜一碟”（英文为 a piece of cake）。

与世界上的一些语言相比，汉语似乎更容易同化其他语言而不是为其他语言所同化，因此，相当数量的外语词在刚刚进入汉语时采取的是音译词的形式，但是没过多久，即改换成汉语自造的形式，如大家常举的例子“盘尼西林”后改称“青霉素”。但是，相反的例子亦有不少，如英语 carnation，汉语对应的词为“香石竹”，音译词是“康乃馨”，后一种则更为常见。也有汉外两类词并用的情况，如“奎宁”来自英语 quinine，也叫“金鸡纳霜”。当然这可视为有待规范的情况。

一种语言容纳他语的词并使其成为本语中的外来词，多是因为一种事物对象本语中无词指称，需要有词加以指称，“佛、袈裟、坦克、基因”等进入汉语而成为汉语中的外来词即是如此。一般而言，本语中已有词指称一种事物对象，即无须再引入他语的词。但是，本语的说者趋新求异的心理也会使得一个已有本语的词指称的事物对象又另用他语的词来指称，如汉语中已有“樱桃”，近些年来又有人据英文 cherries 而造出一个音译词“车厘子”。不过，这种情况是很少的，也是需要加以严格限制的。

三、古语词的规范

古语词，指的是在古代创造的、多用于古代作品中的词。有的古语词用于现代，多带有古雅的语体色彩。古代的书面语词语，如“横逆、如厕”，沿用至今，自然会带有古雅的语体色彩；古代的口语词语，如“恁地、怎生”，用到今天的交际中，也容易带上今人不易理解的色调，这种色调也常被人视为古雅的色彩。

纯粹用于古代的词语，其实从今日的时间角度看已是死亡了的词语，不入今日的词汇系统，可视为“化石词语”。比如，指称古代特有的而现代已不存在的事物对象的词语即属此类，如古代的职官词，“昭仪、上柱国、尚书房行走、开府仪同三司”就不再被视为今日鲜活的词语。但是，有些在历史上影响深刻的古代的词语，尽管它们所指的事物对象在现代中国已然消失，从世界范围看或仍存在，因此这样的词仍是有着一定生命力的，如“皇帝、皇妃、王子、皇太后”。有些词在不久前的时代里使用，今天去古未久，还会时时出现在影视剧等文学作品中，它们的生命力也不能说是消失殆尽，如“贝勒、格格、皇阿玛、宗人府”。

四、新词语的规范

新词语，指的是一种语言为指称新的事物对象而新造的词语。各时代有各自时代的新的事物对象，因而有各自的新词语。新词语，因为社会发展的速度不同，而有不一样的变化情状：社会比较封闭，发展较为缓慢，一个时间段内出现的新词语就不会很多；社会比较开放，发展变化较快，一个时间段内出现的新词语就会比较多。20 世纪 80 年代初以来，随着中国社会的改革开放，汉语中的新词语迅速增加。从 90 年代开始，逐渐出现年度新词语类的专书对之加以搜集、整理、分析和研究。需要指出的是，普通的新词语如“梗、网红、带节奏、撒狗粮”，多是语言词汇积极而重要的补充，值得肯定。而一些网络词语，部分年轻人喜用的字母词，虽然也是新进入交际领域的，但是它们能否在语言中扎下根，成为恒定的词汇成分，还有待观察，如“萌萌哒”、“伤害性不大，侮辱性极强”、“520”（我爱你）、“NB”（厉害，强）。至于“火星文”，恐怕是另一种形态的生造词语，不值得在全社会提倡，也不大可能在全社会流行开来，成为全民语言的词汇成分。

五、行业词、术语词的规范

行业词，指的是在某个专门的行业内流通使用的词语。在某些行业中，从业者交际的内容不便曝光，这就在本行业内与本行业外的词语间人为地砌起一道墙。但是，随着社会的开放和多元发展，本行业与外界隔绝的无形的高墙愈趋淡化，行业词走入普通词汇系统的步伐也在逐渐加快，如金融领域的“离岸业务”、外交领域的“长臂管辖”、政治学领域的“执政考验”、军事领域的“机载预警雷达”都逐渐为世人所了解，甚至使用。

术语词与行业词接近而不相同，术语词要求有科学的内涵，是科学类的专用名词。汉语中的一些词语，兼具术语义和生活义，在科学界用其术语义，在社会中用其生活义，两者各不相扰。例如“大雪”，术语义是气象学上指24小时内降雪量达5毫米以上的雪，生活义则是根据生活常识判断的下得很大的雪；“小雪”，术语义是气象学上指24小时内降雪量小于或等于2.4毫米的雪，生活义则是指下得不大的雪；“中雪”，术语义是气象学上指24小时内降雪量达2.5～4.9毫米的雪，生活义则是指下得小于“大雪”、大于“小雪”的雪。“大雪”、“中雪”和“小雪”的术语义一般只用于科学领域，人们日常生活所用的只是它们的生活义。纯粹的术语词一般都只用于科学领域，走入社会日常生活的不多。常常见到的情况是，指称同样一个事物对象，科学领域有一个术语词，社会生活中另有一个普通词语，如Acquired Immune Deficiency Syndrome（缩写是AIDS），汉语对应的术语词是“获得性免疫缺陷综合征”，而汉语对应的普通词语则是“艾滋病”。易为全社会普遍接受的往往是普通词语，而不是术语词。

主要参考文献

曹炜. 关于汉语隐语的几个问题——兼论隐语与黑话的区别[J]. 学术月刊,2005(4):66-73.

陈默. 黑话探秘[M]. 北京:人民中国出版社,1993.

丁启阵. 秦汉方言[M]. 北京:东方出版社,1991.

董秀芳. 词汇化:汉语双音词的衍生和发展[M]. 成都:四川民族出版社,2002.

冯春田,梁苑,杨淑敏. 王力语言学词典[M]. 济南:山东教育出版社,1995.

冯胜利. 汉语的韵律、词法与句法[M]. 北京:北京大学出版社,1997.

符淮青. 词义的分析和描写[M]. 北京:语文出版社,1996.

何九盈,蒋绍愚. 古汉语词汇讲话[M]. 北京:北京出版社,1980.

蒋绍愚. 词义的发展和变化[J]. 语文研究,1985(2):7-12.

侯敏. 汉语新词语词典(2000-2020)[M]. 北京:商务印书馆,2023.

黄伯荣,廖序东. 现代汉语:上册[M]. 北京:高等教育出版社,1997.

黄建华. 词典论[M]. 上海:上海辞书出版社,2001.

李行健,刘叔新. 词语的知识和运用[M]. 天津:天津人民出版社,1979.

李宇明. 中国语言规划论[M]. 长春:东北师范大学出版社,2005.

刘叔新. 汉语描写词汇学[M]. 北京:商务印书馆,1990.

卢英顺. 现代汉语语汇学[M]. 上海:复旦大学出版社,2007.

陆宗达,王宁. 训诂方法论[M]. 北京:中国社会科学出版社,1983.

吕叔湘. 汉语语法分析问题[M]. 北京:商务印书馆,1979.

马西尼. 现代汉语词汇的形成——十九世纪汉语外来词研究[M]. 黄

河清，译．上海：汉语大词典出版社，1997.

任继愈．中国文化大典［M］．太原：山西教育出版社，1999.

邵燕梅．现代汉语商业隐语研究［M］．北京：中国社会科学出版社，2021.

史有为．汉语外来词［M］．增订本．北京：商务印书馆，2013.

孙常叙．汉语词汇［M］．长春：吉林人民出版社，1956.

汪维辉．汉语词汇史新探［M］．上海：上海人民出版社，2007.

王云路．词汇训诂论稿［M］．北京：北京语言文化大学出版社，2002.

武占坤，王勤．现代汉语词汇概要［M］．北京：外语教学与研究出版社，2009.

徐国庆．现代汉语词汇系统论［M］．北京：北京大学出版社，1999.

张文林．犯罪隐语语汇研究［D/OL］．乌鲁木齐：新疆师范大学，2010［2023-12-06］．https：//kns.cnki.net/kcms2/article/abstract?v=PkrNiO65NLlowiieCju8J8bRScPgSnuIXrkwrDdEPHx_o8bQp9zSfwl0EiDZXnRq_1psneRMwASU1AghqlVxQKEpLiiY6kxJ85lfEdg0LqtokT9unZxriX0339V5fl7Z11nH0nHd-DxPn1u7C_g5SQ==&uniplatform=NZKPT&language=CHS

张永言．词汇学简论［M］．武汉：华中工学院出版社，1982.

张志毅，张庆云．词汇语义学［M］．北京：商务印书馆，2001.

章宜华，雍和明．当代词典学［M］．北京：商务印书馆，2007.

周光庆．从认知到哲学：汉语词汇研究新思考［M］．北京：外语教学与研究出版社，2009.

周荐．汉语词汇结构论［M］．上海：上海辞书出版社，2004.

周荐．现代汉语词汇学教程［M］．北京：北京大学出版社，2016.

周祖谟．汉语词汇讲话［M］．北京：人民教育出版社，1959.

祝克懿．论隐语及其下位类型［J］．汉语学习，2003(4)：18-21.

中国社会科学院语言研究所词典编辑室．现代汉语词典(第7版)［M］．北京：商务印书馆，2016.